5 4 3 2 1
ISBN 3-88117-683-7
Redaktion: Monika Römer
Gestaltung: Niels Bonnemeier

www.hoelker-verlag.de

Printed in Italy

Gisela Allkemper

Frikadellen Hamburger & Co.

Die besten Hackfleischrezepte aus aller Welt

Hölker Verlag

Inhalt

Vorwort 4

Einführung
Zur Geschichte der Hackfleischküche 6
Hackfleischsorten und ihre Verarbeitung 8
Vom richtigen Umgang mit Hackfleisch 10
Die heutige Hackfleischverordnung 11

Rezepte
Snacks und Vorspeisen 12
Suppen und Ragouts 26
Gerichte aus Topf und Pfanne 36
Gerichte aus dem Ofen 50

Verzeichnis der Rezepte 78

Die Rezepte sind, falls nicht anders angegeben, für 4 Personen berechnet.

Vorwort

Schon seit einigen Jahren nimmt Hackfleisch einen ganz neuen Stellenwert in unseren Küchen ein. Es wird nicht mehr wie früher nur als „Ersatz“ für teures Fleisch angesehen, sondern als Grundlage für spannende Kochexperimente verwendet. Besonders seit unsere Urlaubsreisen ins nahe und ferne Ausland uns gezeigt haben, wie köstlich Hackfleisch schmecken kann, hat sich vieles bewegt.

Da Hackfleisch für sich recht neutral schmeckt, kann man durch verschiedenste Gewürze und die Kombination mit anderen Zutaten Gerichten immer wieder neue Geschmacksnuancen geben. In den Küchen der Welt wird dies schon seit Jahrhunderten praktiziert. Wir haben viel von den Köchinnen und Köchen Italiens, Griechenlands, der Türkei, der USA, Spaniens und Skandinaviens – um nur die wichtigsten zu nennen – gelernt. Aber auch in unseren eigenen Kochtraditionen gibt es viel Köstliches neu zu entdecken. Dieses Büchlein will Sie durch eine kleine Auswahl heimischer und internationaler Rezepte zum Experimentieren anregen. Dabei wünsche ich Ihnen viel Erfolg und Freude!

Ihre

Gisela Allkemper

Zur Geschichte der Hackfleischküche

Als ich vor einiger Zeit las, dass schon Apicius, ein römischer Koch aus der Zeit des Kaisers Tiberius (14–37 n. Chr.), in einem seiner Kochbücher den Buletten ein ganzes Kapitel gewidmet hat, war mein Interesse geweckt: Ich wollte weitere Nachforschungen über Hackfleisch, das auch Gehacktes, Gewiegtes oder Haschee genannt wird, bzw. dessen Verwendung anstellen. Apicius war einer der ersten Kochbuchautoren der Weltgeschichte. Er bezog seine Rezepte aber nicht nur aus seiner Zeitepoche und in den Grenzen des römischen Reiches. Vielmehr erhielt er sie größtenteils von Söldnern und Legionären, die sie aus Kriegen auf dem Balkan und im Orient mitgebracht hatten; dort waren sie schon lange in Gebrauch. Hinweise auf Apicius finden wir noch heute in mittelalterlichen Handschriften der Klöster und Adelshäuser. Dort gehörten Gerichte mit Hackfleisch von Kalb, Geflügel und Wild schon immer zur feinen Küche.

Die Haushalte unserer Großmütter und Mütter kannten nur einfache Gerichte mit Gehacktem. Es galt quasi als „Fleisch der armen Leute“ und diente vornehmlich der Verwertung von Fleischresten. Ganz anders sah es in anderen Ländern aus. Dort bereitete man traditionell köstliche Hackfleischgerichte mit vielen Ideen für unterschiedliche Geschmackskombinationen zu. Seitdem aber das Reisen ins Ausland zu unserem Leben dazugehört, wir uns von den Kochtraditionen unserer Urlaubsländer inspirieren lassen, vieles ausprobieren, althergebrachte Rezepte übernehmen und verfeinern, erlebt das Kochen mit Hackfleisch bei uns einen ungeahnten Boom.

Hackfleischsorten und ihre Verarbeitung

Unter Hackfleisch versteht man allgemein mehr oder weniger stark zerkleinertes tierisches Muskelfleisch ohne Sehnen und Fasern. Dabei unterscheidet man folgende Arten:

Schieres Hackfleisch vom Rind

Hackfleisch vom Rind darf höchstens 15 % Fettanteil aufweisen. Es sieht gleichmäßig saftig rot aus und verfärbt sich bei Lagerung dunkel (bleibt es rot, sind Zusätze beigemengt). Es kann roh als Tatar verzehrt oder in Form von Hacksteaks gebraten werden. Zum Rohessen eignet sich Filet- oder Lendenfleisch besonders gut.

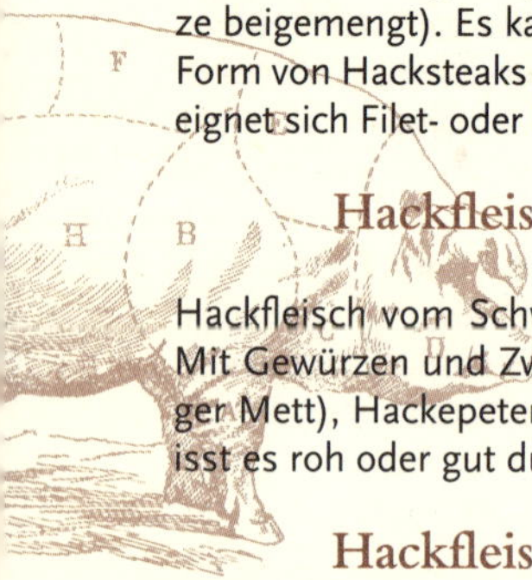

Hackfleisch vom Schwein

Hackfleisch vom Schwein hat bis zu 30 % Fettanteil. Mit Gewürzen und Zwiebeln wird es als Mett (Thüringer Mett), Hackepeter oder Häckerle bezeichnet. Man isst es roh oder gut durchgebraten.

Hackfleisch halb und halb

Hackfleisch aus Rind- und Schweinefleisch wird im Verhältnis 50:50 gemischt und landläufig (auch in diesem Buch) als halb und halb bezeichnet. Der Fettanteil beträgt 25–30 %. Es wird zu Frikadellen, Hackbraten, Füllungen, Saucen etc. verarbeitet.

Hackfleisch vom Kalb

Hackfleisch vom Kalb hat einen Fettanteil von 10 %, wird besonders fein gehackt und für Fleischklößchen und feine Füllungen bevorzugt.

Hackfleisch vom Lamm

Lamm haben hiesige Metzger selten als Hackfleisch im Angebot. Eine Ausnahme sind arabische, griechische oder türkische Feinkostgeschäfte. Aber jeder Metzger dreht es Ihnen nach Wunsch gerne frisch durch den Fleischwolf. Hackfleisch vom Lamm wird vielfach für Gerichte aus dem ehemaligen Jugoslawien, Griechenland, der Türkei oder dem vorderen Orient verwendet.

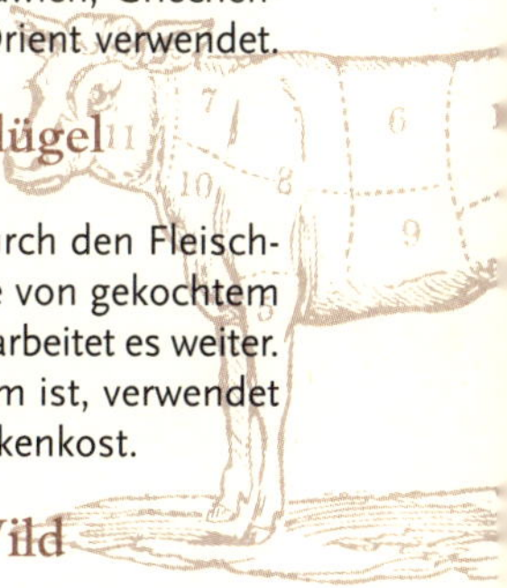

Hackfleisch von Geflügel

Geflügelfleisch wird nur selten roh durch den Fleischwolf gedreht. Meist nimmt man Reste von gekochtem oder gebratenem Fleisch dazu und verarbeitet es weiter. Da das Fleisch eiweißreich und fettarm ist, verwendet man es für Diät- und schonende Krankenkost.

Hackfleisch von Wild

Hackfleisch von Wild ist wie das von Geflügel sehr mager, sollte aber nicht roh verzehrt werden, da es gesundheitsgefährdende Trichinen enthalten kann. Sachgerecht vorbereitet und gegart ist es dagegen ernährungsphysiologisch wertvoll und köstlich zugleich.

Vom richtigen Umgang mit Hackfleisch

Da Hackfleisch eine leicht verderbliche Ware ist, sollte man es erst kurz vor der Verarbeitung einkaufen. Es ist ratsam, es nicht länger als 10–12 Stunden im Kühlschrank zu lagern und dies auch nur dann, wenn es dort ausgepackt in einer Schüssel mit Teller oder Deckel bedeckt aufbewahrt wird. Ist das nicht möglich, muss das Hackfleisch eingefroren werden. Man sollte das Fleisch in kleinen Portionen und flach gedrückt einfrieren und anschließend im Kühlschrank auftauen.
Tiefgefroren hält sich Hackfleisch 2–3 Monate. Sicherer ist es, Fleisch erst nach dem Auftauen durch den Wolf zu drehen. So verhindern Sie einen Bakterien- und Salmonellenbefall. Eine weitere Vorsichtsmaßnahme besteht darin, das Fleisch vollständig durchzubraten.
Wenn Sie schieres Hackfleisch als Fleischkloß braten, wird es leicht hart. Um dies zu verhindern, können Sie als Lockerungsmittel Eier einsetzen, die gleichzeitig eine gewisse Bindung der krümeligen Masse bewirken. Ebenso zur Lockerung und gleichzeitigen Bindung einsetzbar sind wahlweise Brötchen oder Toast – eingeweicht und sorgfältig ausgedrückt –, frisch gekochte, zerdrückte Kartoffeln, gekochter Reis, Haferflocken oder auch Semmelbrösel.
Außerdem sollten Sie darauf achten, dass dem Hackfleisch zugefügte Gewürze gleichmäßig untergeknetet werden. Schließlich sollte das Fleisch, wenn es am Stück gebraten wird, wenn möglich vor dem Verzehr 5–10 Minuten ruhen.

Die heutige Hackfleischverordnung

Fleisch bekommt bei der Verarbeitung zu Hackfleisch eine größere Oberfläche und wird dadurch rascher verderblich. Darum wurde 1965 zum Schutz des Verbrauchers eine Verordnung erlassen. Die darin festgehaltenen Bestimmungen gelten für alles zerkleinerte Fleisch, das roh verkauft wird:

1. Es darf nur am Tage des Verkaufs hergestellt werden und muss in Räumen oder Behältern nicht über +4 °C gelagert werden.
2. Das Durchdrehen darf nur durch einen Metzgermeister erfolgen, der Verkauf nur durch eine Fachkraft. Der Verkauf an offenen (Markt-)Ständen oder in Automaten ist verboten.
3. Das Hackfleisch muss aus sehnenfreiem Muskelfleisch von warmblütigen Schlachttieren ohne jeglichen Zusatz wie Talg, Speck, Flomen, Innereien, Kopffleisch und Knochenputz bestehen. Zusätze von Pökelsalz sind verboten.
4. Tiefgefrorenes Hackfleisch darf nur in Spezialbetrieben nach der Hackfleischverordnung hergestellt, wasser- und dampfdurchlässig abgepackt, bei -40 °C eingefroren und bei -18 °C gelagert werden. Es muss deutlich mit dem Namen der Herstellerfirma und dem Abpackdatum mit deutscher Anweisung für Aufbewahrung, Auftauen und Zubereiten versehen sein. Der Verkauf von tiefgefrorenem Hackfleisch muss innerhalb von 3 Monaten erfolgen.

Snacks und Vorspeisen

Ob als Fingerfood für jede Gelegenheit, als Amuse-Gueule oder Vorspeise: Hackfleisch bietet einen großen Variantenreichtum. Ob kalt oder warm serviert, solche „Schmankerl" werden nie langweilig. Sehen Sie selbst! In diesem Kapitel finden Sie die verschiedensten Vorschläge. Und vor allem gilt: Die Zubereitung geht schnell von der Hand, gelingt immer und – ansprechend dekoriert – zaubern Sie nicht nur eine Gaumen- sondern auch ein Augenfreude.

Beefsteak-Tatar

Für 1 Person

Ein Vesperbrett wird mit herzhaftem Tatar – neben verschiedenen Dauerwurst- und Käsesorten – ein zünftiger Genuss. Da es strengen Lebensmittelvorschriften (siehe S. 11) unterliegt, sollte es immer erst kurz vor dem Verzehr zubereitet werden.

150 g mageres Rindfleisch,
1 große Zwiebel, 1 Ei,
Salz, frisch gemahlener Pfeffer,
Paprikapulver,
nach Belieben Kapern,
Gewürzgürkchen,
Olivenscheiben und
Sardellenröllchen

Das Rindfleisch durch die feine Scheibe des Fleischwolfs drehen. In die Mitte eines großen Holzbretts oder Tellers häufen und eine kleine Mulde hineindrücken. Die Zwiebel schälen und die Hälfte in Ringe schneiden, die andere Hälfte fein würfeln. Das Ei trennen. Das Eigelb in einer Schalenhälfte auffangen und in die Mulde des Tatars setzen (das Eiweiß anderweitig verwerten). Die Zwiebelringe rund um das Tatar legen. Salz, Pfeffer, Paprikapulver und nach Belieben Kapern, Zwiebelwürfeln, Gürkchen, Oliven- und Sardellenscheiben separat dazu reichen. So kann jeder sein Tatar nach Wunsch würzen. Dazu deftiges Landbrot servieren.

Mettbrötchen

Diesen Imbiss kann man warm oder kalt reichen. Als kalten Snack streicht man das gut gewürzte Mett (Bratwurstbrät) auf kleine halbierte Brötchen und garniert diese schön altmodisch mit Zwiebelringen und Salzstangen. Als warmes Gericht, das z. B. während eines Skat- oder Fußballabends serviert werden kann, wird es so vorbereitet: Brötchenhälften leicht aushöhlen, dann mit dem Mett füllen. Obenauf eine Scheibe Käse legen und im Backofen (mittlere Schiene) bei 200 °C so lange backen, bis der Käse zerlaufen ist. Sofort servieren.

Grundrezept Frikadellen

Kennen Sie diese schnell zubereiteten kleinen Hackfleischlaibe unter dem Namen Frikadellen? Oder heißen sie in Ihrer Region Buletten, Bratknödel, Klopse oder Fleischpflanzerl? Wie auch immer, gemeint ist jedes Mal gewürztes Hackfleisch – ob von Rind, Schwein, Lamm, Wild oder Geflügel – zu Klößen geformt und in der Pfanne gebraten. Jede Variante beruht auf den folgenden Grundzutaten, die man je nach Geschmack abwandeln kann.

500 g Hackfleisch halb und halb, 1 Zwiebel,
1 altbackenes Brötchen, etwas lauwarmes Wasser
oder warme Milch, 1–2 EL Semmelbrösel,
Salz, frisch gemahlener Pfeffer, 1–2 Eier,
Pflanzenöl zum Braten

Das Hackfleisch mit einer Gabel auflockern. Die Zwiebel schälen und würfeln. Das Brötchen in Milch oder Wasser einweichen und fest ausdrücken (schneller geht es, wenn das Brötchen vorher zerbröckelt wird). Bei Bedarf zusätzlich mit Semmelbröseln binden, salzen, pfeffern und mit dem Ei bzw. den Eiern locker verkneten. Mit nassen Händen aus dem Teig 8 Bällchen formen. Diese etwas flach drücken. Das Öl in einer Pfanne erhitzen und die Frikadellen auf beiden Seiten insgesamt 7–10 Minuten goldbraun braten. Dabei öfter mit dem Fett aus der Pfanne übergießen.

- Wer möchte, kann auf der Grundlage des Bratfetts eine braune Sauce herstellen. Voher die Frikadellen aus der Pfanne nehmen und warm stellen. 1 Esslöffel Mehl in dem Fett hellbraun anschwitzen, mit 1/4 Liter Brühe (Instant) ablöschen und ein paar Minuten unter Rühren köcheln lassen. Nach Belieben mit Salz, Pfeffer, Paprikapulver, evtl. auch Tomatenmark oder Senf würzen und mit etwas Crème fraîche oder Sahne verfeinern.

- Zu den Frikadellen können Sie z. B. getoastetes Brot, Bratkartoffeln und Salat reichen. Wenn Sie sie mit Sauce servieren, schmecken Salzkartoffeln, Kartoffelpüree, Reis oder Nudelsorten, die die Sauce gut aufnehmen, besonders gut dazu.

- Nach diesem Grundrezept kann man, wie in diesem Buch in zahlreichen Rezepten gezeigt wird, auch noch viele andere leckere Gerichte zaubern.

Frikadellen à la Meyer

Auf die nach Grundrezept zubereiteten Frikadellen jeweils 1 Spiegelei setzen und darüber kreuzweise 2 gewässerte Sardellen legen.

Puszta-Frikadellen

Die Frikadellen warm stellen. In das Bratfett den abgetropften Inhalt eines Glases Pusztasalat geben, kurz anbraten und 1–2 Esslöffel Sahne zugeben. Auf die Frikadellen häufeln, mit Käsescheiben belegen und im Backofen (mittlere Schiene) bei 180 °C überbacken.

Jäger-Frikadellen

Geputzte und in Scheiben geschnittene Champignons mit einer gewürfelten Zwiebel in dem verbliebenen Brattfett braten, würzen, mit Crème fraîche binden und auf die Bällchen häufeln.

Spargel-Schinken-Frikadellen

Je 1 passend zugeschnittenes Stück gekochten oder luftgetrockneten Schinken sowie 3–4 entsprechende Stücke gekochten Spargel auf die Frikadellen legen, mit Sauce hollandaise (Fertigprodukt) bestreichen und in der Pfanne oder im Backofen erneut erwärmen.

Salisbury-Steaks

Diese Bällchen verdanken ihren Namen einem Arzt namens Dr. James H. Salisbury (1823–1905). Er begann 1888, seinen Patienten Hackfleisch zu verordnen. Es sollte möglichst nur locker zu flachen Laiben geformt, auf einer heißen Platte gegart und mit Butter, Pfeffer, Salz, Würzsauce (z. B. Worcestersauce), Senf oder Zitronensaft gewürzt werden. Seine Devise: Sechsmal am Tag kleine Portionen von gebratenem Hackfleisch essen. Das lindert oder heilt Rheuma, Tuberkulose, Magenschmerzen und Arterienverkalkung. Die im Fleisch enthaltenen Proteine sollten helfen, wo andere Mittel versagten – eine Proteindiät der besonderen Art.

1 Zwiebel, 500 g Hackfleisch vom Rind, 2 Eier,
Salz, frisch gemahlener Pfeffer,
Paprikapulver edelsüß, 2 EL Semmelbrösel,
1 EL grüner Pfeffer, 2 EL Ketchup,
1 TL Senf, Öl zum Braten,
1–2 EL Zitronensaft, Cocktailspieße

Die Zwiebel schälen und fein würfeln. Mit allen übrigen Zutaten ganz locker (!) verkneten. Kleine Bällchen oder Röllchen formen und in Öl rundherum braun braten. Mit Zitronensaft beträufeln und jeweils mit einem Cocktailspieß versehen.

- Die kleinen Bällchen können Sie als Snack bzw. Fingerfood reichen. Größer geformt kann man die Steaks auch mit Tomatensauce servieren.

Partybällchen

1 Grundrezept Frikadellen (Rezept S. 14)
Für die Füllung:
wahlweise Feta oder Gouda in Würfeln,
Gewürzgurken in Würfeln, getrocknete Tomaten,
Walnusskerne, entsteinte Oliven oder
Trockenpflaumen
Außerdem:
Semmelbrösel nach Belieben, Öl zum Braten,
gehackte Kräuter, frisch geriebener Parmesan,
Kokosraspel oder gemahlene Nüsse nach Belieben,
kleine Pralinenkapseln, Cocktailspießchen

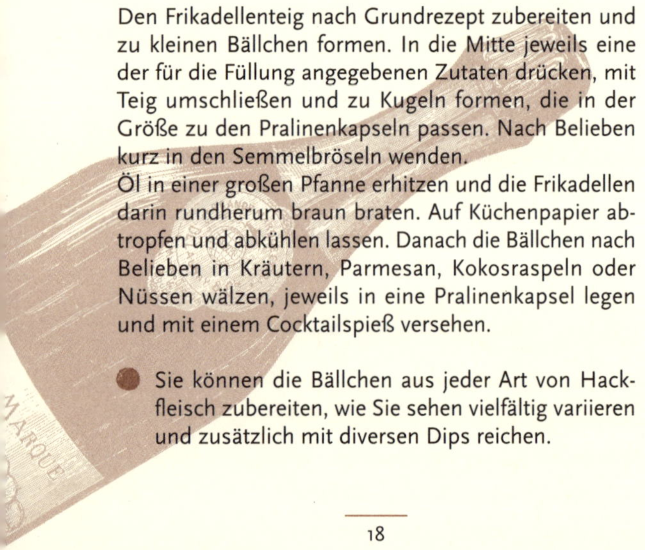

Den Frikadellenteig nach Grundrezept zubereiten und zu kleinen Bällchen formen. In die Mitte jeweils eine der für die Füllung angegebenen Zutaten drücken, mit Teig umschließen und zu Kugeln formen, die in der Größe zu den Pralinenkapseln passen. Nach Belieben kurz in den Semmelbröseln wenden.
Öl in einer großen Pfanne erhitzen und die Frikadellen darin rundherum braun braten. Auf Küchenpapier abtropfen und abkühlen lassen. Danach die Bällchen nach Belieben in Kräutern, Parmesan, Kokosraspeln oder Nüssen wälzen, jeweils in eine Pralinenkapsel legen und mit einem Cocktailspieß versehen.

- Sie können die Bällchen aus jeder Art von Hackfleisch zubereiten, wie Sie sehen vielfältig variieren und zusätzlich mit diversen Dips reichen.

Gefüllte Champignons

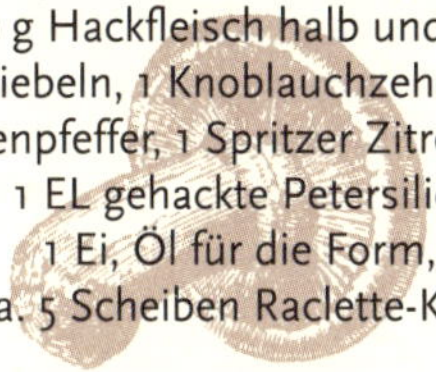

16–20 große braune Champignons,
300 g Hackfleisch halb und halb,
2 Zwiebeln, 1 Knoblauchzehe, Salz,
Zitronenpfeffer, 1 Spritzer Zitronensaft,
1 EL gehackte Petersilie,
1 Ei, Öl für die Form,
ca. 5 Scheiben Raclette-Käse

Die Champignons putzen. Die Stiele aus den Hüten drehen und klein hacken. Zwiebeln schälen und würfeln, Knoblauch schälen und fein hacken. In einer Schüssel das Hackfleisch mit den gehackten Zutaten vermengen. Mit Salz, Pfeffer, Zitronensaft, Petersilie und Ei gleichmäßig verkneten.
Eine Auflaufform einfetten. Den Backofen auf 225 °C vorheizen. Die Champignons mit dem Hackfleisch füllen und mit der Öffnung nach oben nebeneinander in die Form setzen. Den Käse so zuschneiden, dass er die Hackfleischmasse abdeckt. Im vorgeheizten Ofen (mittlere Schiene) in etwa 20 Minuten hellbraun überbacken.

- Reichen Sie die Champignons als Fingerfood mit einer Joghurtsauce, die mit Zitronensaft, Pfeffer und Salz gewürzt ist. Cocktailspieße nicht vergessen! Wenn Sie sie als Vorspeise servieren möchten, braten Sie einige Scheiben Bacon kross aus, setzen die gebackenen Champignons darauf und umgießen sie mit der Zitronensauce.

Gefüllte Weinblätter

In der Türkei, in Griechenland und den östlichen Balkanländern heißen die traditionellen gefüllten Weinblätter Dolmas, Domades o.Ä. und werden als Snacks oder Vorspeisen, lauwarm oder kalt mit Dips serviert.

20 Weinblätter (Glas), 1/2 Zwiebel, 50 g Reis, 1/8 l Fleischbrühe, 125 g gekochtes Kalb- oder Geflügelfleisch, 100 g gekochter Schinken, 2 Eigelb, Salz, frisch gemahlener Pfeffer, frisch geriebene Muskatnuss, 1 EL feine Kalbsleberwurst, 80 g fetter Speck, Olivenöl zum Bestreichen

Die Weinblätter aus dem Glas nehmen, abtropfen lassen und auf Küchenpapier ausbreiten, den Sud dabei auffangen. Zwiebel schälen, würfeln. In einem Topf mit dem Reis in etwas Einlegesud anschwitzen. Mit Brühe ablöschen und bissfest garen. Fleisch und Schinken durch die feine Scheibe des Fleischwolfs in eine Schüssel drehen. Eigelbe, Gewürze und Leberwurst einarbeiten. Alles mit dem Reis vermischen.
Backofen auf 180 °C vorheizen. Weinblätter mit der glänzenden Seite nach unten auf die Arbeitsfläche legen, 1 Teelöffel der Masse an das Ende mit dem Stiel legen und das Blatt einrollen, dabei die Seiten nach innen schlagen. Speck in sehr dünne Scheiben schneiden und eine Auflaufform damit auslegen. Gefüllte Weinblätter einlegen und mit Öl bestreichen. Form mit Alufolie abdecken, in den vorgeheizten Ofen (mittlere Schiene) schieben und die Weinblätter 20 Minuten garen.

Piroggen

In Russland und auf dem Balkan nennt man kleine gefüllte Teigtaschen wie diese Piroggen. In der Türkei werden sie zusammen mit Brühe als Vorspeise gereicht.

300 g TK-Blätterteig, 125 g Zwiebeln, 2 EL Butter,
250–300 g Hackfleisch von Rind oder Lamm,
1 hart gekochtes Ei, Salz, frisch gemahlener Pfeffer,
2 EL gehackter Dill oder Thymian, Mehl zum Ausrollen,
2 Eigelb und 2 EL Milch zum Bestreichen,
Sesam oder Mohn zum Bestreuen

Den Blätterteig auftauen lassen. Inzwischen 1 Zwiebel schälen und würfeln. Butter in einer Pfanne erhitzen und das Fleisch darin anbraten, Zwiebel zugeben und mitbraten, bis das Fleisch braun und krümelig ist. Ei pellen, würfeln und dazugeben. Mit Salz, Pfeffer und Kräutern pikant würzen. Abkühlen lassen.

Backofen auf 200 °C vorheizen. Blätterteig auf einer bemehlten Arbeitsfläche 3 Millimeter dick ausrollen. Mit einem Glas von 8 Zentimetern Durchmesser Kreise ausstechen. Jeweils mittig 1 Teelöffel Fleischfüllung daraufsetzen und etwas flach drücken. Milch und Eigelb verquirlen und die Teigränder damit bestreichen. Kreise zu Halbmonden zusammenklappen. Mit einer Gabel die Ränder fest andrücken. Auf ein mit Backpapier ausgelegtes Backblech legen und die Taschen im vorgeheizten Ofen (mittlere Schiene) in etwa 30 Minuten goldbraun backen. 10 Minuten vor Ende der Backzeit mit restlicher Eiermilch bepinseln, mit Sesam oder Mohn bestreuen.

Empanadas

Was den Osteuropäern die Piroggen, sind den Spaniern und Mexikanern die Empanadas. Diese knusprigen Teigtaschen werden dort in den Bars als Tapas serviert. Man isst sie aber auch mit Hühnerbrühe als Vorspeise, mit Salat als kleinen Imbiss oder zu Bier und Wein als Fingerfood.

300–350 g TK-Blätterteig, 1 Zwiebel,
2–3 Knoblauchzehen, 2 Chilischoten,
2 EL Öl, 500 g Hackfleisch vom Rind,
Schwein oder Lamm,
Mehl für die Arbeitsfläche, 1 Ei,
5 cl trockener Sherry, Salz,
frisch gemahlener Pfeffer,
je 1 Prise Zimt, Nelkenpulver und
gemahlener Kreuzkümmel,
300 g Dosentomaten, 1–2 TL Zucker,
1 EL Essig, 3 EL gehackter Koriander,
3 EL gehackte Mandeln

Den Blätterteig auftauen lassen. Inzwischen Zwiebel und Knoblauch schälen, die Zwiebel würfeln, den Knoblauch durch die Presse drücken. Chilischote putzen, halbieren, von Stielansatz, Samen und Scheidewänden befreien und sehr fein hacken.

Das Öl in einer Pfanne erhitzen und das Hackfleisch darin anbraten. Zwiebel, Knoblauch und Chilischote zugeben und so lange mitschmoren, bis alle Flüssigkeit verdampft ist.
Backofen auf 200 °C vorheizen. Blätterteig auf einer bemehlten Arbeitsfläche 3 Millimeter dick ausrollen. Mit einem Glas von 8 Zentimetern Durchmesser Teigkreise ausstechen. Je 1 Teelöffel Fleischteig mittig auf die Kreise setzen. Das Ei trennen. Eiweiß verschlagen und die Teigränder damit einstreichen. Die Teigkreise zu Halbmonden zusammenklappen und die Ränder mit einer Gabel fest andrücken. Auf ein mit Backpapier ausgelegtes Blech legen und die Taschen mit dem verquirlten Eigelb bestreichen. Im vorgeheizten Ofen (mittlere Schiene) in 20–30 Minuten goldbraun backen.

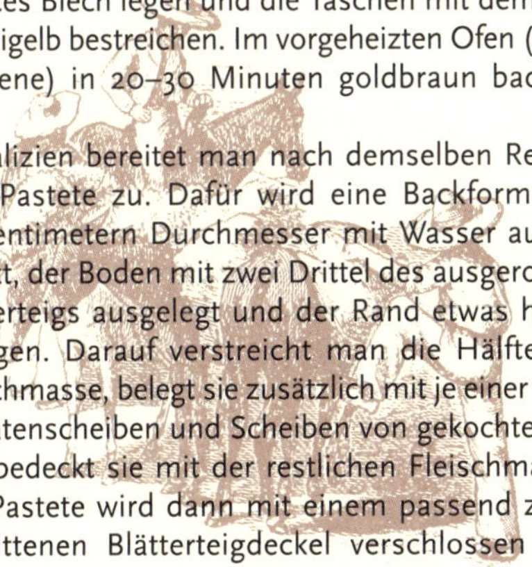

In Galizien bereitet man nach demselben Rezept eine Pastete zu. Dafür wird eine Backform von 24 Zentimetern Durchmesser mit Wasser ausgespritzt, der Boden mit zwei Drittel des ausgerollten Blätterteigs ausgelegt und der Rand etwas hochgezogen. Darauf verstreicht man die Hälfte der Fleischmasse, belegt sie zusätzlich mit je einer Lage Tomatenscheiben und Scheiben von gekochtem Ei und bedeckt sie mit der restlichen Fleischmasse. Die Pastete wird dann mit einem passend zugeschnittenen Blätterteigdeckel verschlossen und rundherum gut angedrückt, mit einer Gabel mehrfach eingestochen und mit Eigelb bestrichen. Schließlich bäckt man sie im auf 200 °C vorgeheizten Ofen in 30–40 Minuten goldbraun.

Kürbis mit Hackfleischfüllung, ägyptische Art

Diese kleinen aromatisch gefüllten Sommerkürbisse sind eine köstliche Vorspeise. Besonders gut eignen sich dazu Hokkaidos oder Patissons – bei beiden kann man die Schale mitessen.

4 kleine Portionskürbisse
Für die Füllung:
100 g gekochter Basmati-Reis,
2 TL Tomatenmark, 150–200 g Hackfleisch
vom Lamm, 1 EL gehackte Minze,
1 EL gehackte Petersilie, 1 Knoblauchzehe,
1/2 TL Fenchelsamen oder
1 EL gehackter Fenchel,
Salz, frisch gemahlener Pfeffer
Für die Gemüsesauce:
1 Zwiebel, 1 große Möhre,
1–2 Tomaten, 50 ml Kalbsfond,
1 EL Tomatenmark
Außerdem:
Öl zum Einstreichen, 4 EL Butter

Einen Deckel von den Kürbissen abschneiden und diese vorsichtig aushöhlen. Das Fruchtfleisch von Kernen und Fasern befreien und fein würfeln. In einer Schüssel alle für die Füllung angegebenen Zutaten mit den Kürbiswürfeln vermengen und die Masse in die ausgehöhlten Kürbisse füllen. 4 Stücke Alufolie passend zurecht-

schneiden, um die Kürbisse darin einzuwickeln, und mit Öl bestreichen. Auf jedes Stück Folie einen Kürbis setzen und die Folienränder rundherum hochziehen. Den Backofen auf 200 °C vorheizen.
Für die Gemüsesauce Zwiebel, Möhre und Tomate(n) putzen und in kleine Würfel schneiden. Mit Kalbsfond und Tomatenmark vermischen. Die Kürbisse in der Folie damit umgießen. Die Alufolie über den Kürbissen verschließen. In eine Auflaufform setzen und etwas Wasser angießen. Im vorgeheizten Ofen (mittlere Schiene) etwa 15 Minuten garen.
Inzwischen die Butter in einer Pfanne bräunen. Die Kürbisse aus der Folie wickeln und auf kleine Teller verteilen. Mit der Gemüsesauce umgießen und mit der braunen Butter beträufeln.

- Löffeln Sie die Füllung aus den Schalen und verzehren Sie dann die Schalen mit der Sauce.

Suppen und Ragouts

Suppen und kräftige Eintöpfe sind nicht nur alltagstauglich, weil sie schnell zubereitet sind und sich gut vorbereiten lassen. Sie eignen sich auch als Partygerichte oder Imbiss. So sind sie nicht nur in allen Regionen unseres Landes, sondern auch in anderen Teilen der Welt beliebte Sattmacher. Dabei gibt Hackfleisch – ob krümelig gebraten oder als Klößcheneinlage – den diversen Gerichten einen zusätzlichen würzigen und sättigenden Charakter.

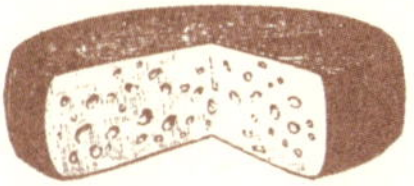

Käse-Lauch-Suppe

Für 6 Personen

2 große Stangen Lauch, 1 große Zwiebel,
40 g Butter, 500 g Hackfleisch halb und halb,
2 l Brühe, 100 ml Weißwein, Salz,
frisch gemahlener Pfeffer,
frisch geriebene Muskatnuss,
1/8 l Sahne, 100 g Sahneschmelzkäse,
100 g Frischkäse mit Kräutern,
2 EL gehackte Petersilie

Den Lauch putzen, waschen und längs halbieren. Quer in feine Ringe schneiden. Zwiebeln schälen und fein hacken. Die Butter erhitzen, Hackfleisch und Gemüse darin anbraten. Brühe und Wein angießen und alles etwa 10 Minuten köcheln lassen. Danach die Sahne zugeben und den Käse unter Rühren darin schmelzen. Vor dem Servieren nochmals abschmecken und mit der gehackten Petersilie bestreuen.

- Abgeriebene Zitronenschale und ein paar Tropfen Zitronensaft oder 2 Esslöffel grüner Pfeffer samt Sud geben der Suppe eine besondere Note.

Schwäbische Maultaschensuppe

In Schwaben und Franken heißen Nudelteigtaschen mit den verschiedensten Füllungen Maultaschen, in Italien kennt man sie unter dem Namen Ravioli. Die chinesischen Wontans und die spanischen Empanadas sind eng mit ihnen verwandt. Mit Hackfleisch gefüllte Maultaschen werden im Schwäbischen auf verschiedene Weise serviert: mal in kräftiger Brühe, mal geschmälzt (mit schäumend heißer Butter übergossen), mal mit kross gebratenen Zwiebelringen belegt oder mit Spinat und Spiegelei garniert. Immer aber isst man sie mit einem Suppenlöffel aus einem tiefen Teller.

Für den Teig:
3–4 Eier, 350 g Mehl, 1 TL Essig, etwas Salz
Für die Füllung:
2 altbackene Brötchen, 100 g durchwachsener Speck,
100 g Bratenreste oder geräucherte Würstchen,
1 Zwiebel, 50 g Butter, 2 EL gehackte Petersilie,
300 g Hackfleisch, 3 Eier, Salz,
frisch gemahlener Pfeffer,
frisch geriebene Muskatnuss
Außerdem:
1–2 Eier zum Bepinseln

Für den Teig in einer Schüssel Eier, 3–4 Esslöffel Wasser, Essig und Salz schaumig schlagen. Das Mehl einarbeiten und den festen Teig so lange kneten, bis er schön glatt ist. 30 Minuten zugedeckt ruhen lassen.

Inzwischen die Füllung vorbereiten: Die Brötchen in lauwarmem Wasser einweichen und fest ausdrücken. Speck und Bratenreste bzw. Würstchen durch die feine Scheibe des Fleischwolfs drehen. Die Zwiebel schälen und fein würfeln.

Die Butter in einer Pfanne erhitzen und Zwiebel und Petersilie darin anschwitzen. Mit Hackfleisch, Speck, durchgedrehtem Fleisch und Eiern kräftig verkneten. Mit Salz, Pfeffer und Muskat würzen.

Den Nudelteig zu 2 gleich großen dünnen Platten ausrollen. Auf der ersten Platte Quadrate von 6 Zentimetern Kantenlänge markieren. Jeweils mittig etwa 1 Teelöffel Fleischfüllung setzen. Ei(er) mit 1–2 Esslöffeln Wasser verquirlen und die Zwischenräume damit einstreichen. Die zweite Teigplatte auflegen und jeweils rund um die Füllung herum fest andrücken. Mit einem Teigrädchen Quadrate von 6 Zentimetern Kantenlänge ausrädeln. Die Ränder noch einmal gut mit einer Gabel zusammendrücken.

In einem großen Topf die Brühe zum Kochen bringen, die Teigtaschen einlegen und knapp unter dem Siedepunkt in 15 Minuten gar ziehen lassen.

Reitersuppe

2 große Zwiebeln, 2 EL Öl,
500 g Hackfleisch halb und halb,
1 Dose Champignons (280 g),
Salz, frisch gemahlener weißer Pfeffer,
1 Dose Ananas (560 g),
1 Glas Pusztasalat (330 g),
2 Tüten Ochsenschwanzsuppe,
Cayennepfeffer

Die Zwiebeln schälen und grob würfeln. In einem großen Topf das Öl erhitzen und die Zwiebeln darin glasig anschwitzen. Das Hackfleisch dazugeben und krümelig und braun anbraten. Die Pilze samt Flüssigkeit zugeben und aufkochen. Mit Salz und Pfeffer würzen.
Die Ananas in mundgerechte Stücke schneiden und samt Saft in den Topf geben. Die Suppe erneut zum Kochen bringen und 10 Minuten garen. Den Pusztasalat in einem Sieb abtropfen lassen und zugeben. Die Fertigsuppen in 1 1/2 Liter lauwarmem Wasser auflösen und in den Topf gießen. Erneut zum Kochen bringen und 10 Minuten köcheln lassen. Die Suppe nochmals abschmecken. Dazu frisches Baguette reichen.

● Wenn Sie die Suppe am Vortag zubereiten, kann sie gut durchziehen und schmeckt dann wiederaufgewärmt noch besser.

Mailänder Hackfleischsuppe

1 Zwiebel, 2 rote Paprikaschoten,
1 grüne Paprikaschote,
1 Bund Suppengemüse (bestehend aus Möhre,
Lauch, Sellerie bzw. Petersilienwurzel),
3 EL Öl, 50 g durchwachsener Speck in Würfeln,
400 g Hackfleisch halb und halb,
2 Knoblauchzehen, 2 EL Tomatenmark,
1/8 l Rotwein, 1/2 l Fleischbrühe,
1 große Dose Tomaten in Stücken (800 g),
je 1 TL gehackter Rosmarin und Thymian,
Salz, frisch gemahlener Pfeffer,
100 ml Sahne, 100 g gehobelter Parmesan

Die Zwiebel schälen und würfeln. Paprikaschoten halbieren, von Stielansatz, Samen und Scheidewänden befreien und würfeln. Suppengemüse schälen bzw. putzen und klein schneiden.

Das Öl in einem großen Topf erhitzen. Speck, Zwiebel sowie Gemüse kurz darin anbraten. Hackfleisch zugeben und krümelig und braun braten. Knoblauch schälen und dazupressen. Tomatenmark, Rotwein, Brühe, Dosentomaten und Kräuter ebenfalls zugeben. Die Suppe mit Salz und Pfeffer würzen und im geschlossenen Topf 20 Minuten köcheln lassen. Vom Herd nehmen und die Sahne einrühren, danach darf die Suppe nicht mehr kochen. Mit dem Parmesan bestreut servieren. Dazu knuspriges Baguette reichen.

Mexikanisches Chili con carne

Für 6–10 Personen

2 Zwiebeln, 1 Knoblauchzehe,
2 rote Chilischoten,
1 rote Paprikaschote, 2 EL Olivenöl,
500 g Hackfleisch vom Rind,
2 TL Chilipulver,
1 TL gemahlener Kreuzkümmel,
Salz, frisch gemahlener Pfeffer,
250 g in Öl eingelegte, getrocknete Tomaten,
2 große Dosen Tomatenstücke (à 800 g),
1/2 Zimtstange, 1/2 l Brühe,
1 Dose Mais (330 g),
1 große Dose rote Bohnen (800 g),
1 Bund Petersilie, 4 EL Schmand

Die Zwiebeln und den Knoblauch schälen und würfeln. Chili- und Paprikaschoten halbieren, von Stielansatz, Samen und Scheidewänden befreien. Die Chilischoten fein hacken, die Paprikaschote würfeln.
Das Öl in einer Pfanne erhitzen, Hackfleisch, Chili- und Paprikawürfel darin anbraten. Mit Chilipulver, Kreuzkümmel, Salz und Pfeffer würzen und einige Minuten köcheln lassen.
Die getrockneten Tomaten mit so viel Öl pürieren, dass eine homogene Paste entsteht. Mit Dosentomaten samt Saft, Zimtstange und Brühe zum Fleisch geben. Etwa 30 Minuten köcheln lassen. Danach die Zimtstange entfernen. Abgetropfte Maiskörner und Bohnen zugeben und erhitzen. Nochmals scharf abschmecken.

Die Petersilie abbrausen und trockentupfen, die Blättchen abzupfen und fein hacken. Das Chili auf Teller verteilen, mit einem Klecks Schmand garnieren und mit gehackter Petersilie bestreut servieren. Dazu passt Fladenbrot oder frisches Baguette.

- Sollten Sie keine frischen Chilischoten bekommen, können Sie das Chili auch mit Harissa, einer Chilipaste aus Nordafrika, würzen. Aber bitte Vorsicht: Die Paste ist wirklich sehr scharf! Mit ihrer Hilfe kann dann jeder bei Tisch seinem individuellen Bedürfnis nach Schärfe folgen.

- Sie können dieses Gericht auch sehr gut mit bereits gebratenen und erst nachträglich durchgedrehten Fleischresten zubereiten.

Elsässer Sauerkrautsuppe

2 Scheiben altbackenes Vollkornbrot,
400 g Mett, 2 Eier, 1 TL gehackter Majoran,
500 g fest kochende Kartoffeln, 250 g Möhren,
250 g Staudensellerie, 1 1/2 l Fleischbrühe,
2 EL Öl, 1 Dose Sauerkraut (425 g), Salz,
frisch gemahlener Pfeffer, 1 Msp. gemahlener
Kümmel, 2 EL gehackte Petersilie

Das Vollkornbrot in etwas Wasser einweichen und dann kräftig ausdrücken. In einer Schüssel mit Mett, Eiern und Majoran zu einem glatten Teig verkneten. Mit nassen Händen kleine Bällchen daraus formen. Zugedeckt kühl stellen. Kartoffeln, Möhren und Sellerie schälen bzw. putzen und in Würfel schneiden.
Die Brühe in einem Topf erhitzen, Kartoffel- und Gemüsewürfel darin in 10–15 Minuten garen. Inzwischen das Öl in einer Pfanne erhitzen und die Fleischbällchen darin rundherum anbraten. Etwas Brühe angießen, den Deckel auflegen und die Bällchen 5 Minuten dünsten. Danach die Flüssigkeit bei offener Pfanne einkochen lassen. Das Sauerkraut zu den Klößchen geben und einige Minuten mitgaren. Danach beides unter die Suppe rühren. Vor dem Servieren nochmals abschmecken und mit gehackter Petersilie bestreuen.

● Da die Säure des Krauts verhindern würde, dass das Gemüse in der Suppe weich wird, kommt das gegarte Sauerkraut erst zum Schluss zu den übrigen Zutaten.

Bologneser Fleischragout

1 große Zwiebel, 1 große Möhre,
3 Stangen Staudensellerie,
800 g Tomaten, 3 EL Olivenöl,
250 g Hackfleisch halb und halb,
1/8 l Fleischbrühe, Salz,
frisch gemahlener Pfeffer,
rosenscharfes Paprikapulver,
1–2 EL Tomatenmark, 4 EL gehackte Petersilie

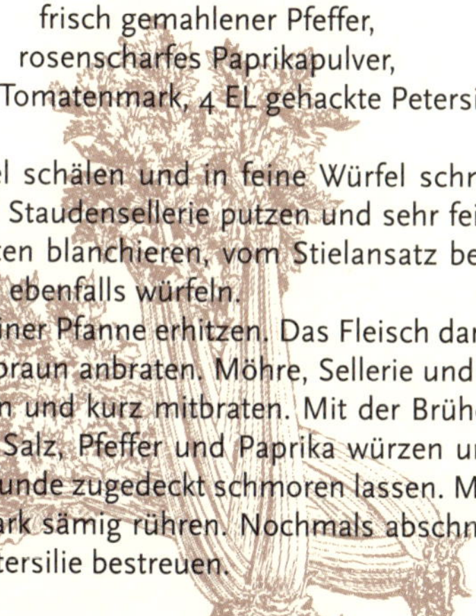

Die Zwiebel schälen und in feine Würfel schneiden. Möhre und Staudensellerie putzen und sehr fein würfeln. Tomaten blanchieren, vom Stielansatz befreien, häuten und ebenfalls würfeln.
Das Öl in einer Pfanne erhitzen. Das Fleisch darin krümelig und braun anbraten. Möhre, Sellerie und Tomaten zugeben und kurz mitbraten. Mit der Brühe ablöschen, mit Salz, Pfeffer und Paprika würzen und das Ragout 1 Stunde zugedeckt schmoren lassen. Mit dem Tomatenmark sämig rühren. Nochmals abschmecken und mit Petersilie bestreuen.

- Sollten Sie das Ragout mit mehr „Sauce“ servieren wollen, dann geben Sie neben den frischen Tomaten noch 1 Dose Tomaten samt Saft dazu oder verlängern Sie sie mit Tomatensaft aus der Flasche.

- Klassisch isst man dazu al dente gekochte Spaghetti, aber auch Orecchiette passen ganz hervorragend zu dem Fleischragout.

Gerichte aus Topf und Pfanne

Das Vorurteil, dass Hackfleischgerichte ein Essen „für arme Leute" seien, lässt sich schnell entkräften, wenn man erfährt, dass gerade Pfannengerichte aus Hackfleisch in vielen Ländern – und das seit Jahrhunderten – als besondere Delikatessen gelten. In diesem Kapitel und im folgenden sollen Ihnen Kostproben aus der Vielzahl der Rezepte vorgestellt werden.

American Meatballs

Für die Fleischbällchen:
1 Zwiebel, 500 g Hackfleisch vom Rind,
6 EL Semmelbrösel, 2 EL Zitronensaft,
2 EL Mineralwasser, Salz,
frisch gemahlener Pfeffer
Für die Ingwersauce:
4 cm frische Ingwerwurzel,
1/2 l Brühe, 4 EL Zitronensaft,
2 EL Sultaninen, 4 EL brauner Zucker
Außerdem:
2 EL Butter zum Braten

Für die Fleischbällchen die Zwiebel schälen und fein hacken. Mit Hackfleisch, Bröseln, Zitronensaft und Wasser vermengen. Salzen, pfeffern und kräftig durchkneten. Mittelgroße Bällchen daraus formen.
In einer Pfanne die Butter aufschäumen lassen und die Bällchen darin rundherum braun anbraten. Herausnehmen und auf Küchenpapier abtropfen lassen.
Für die Ingwersauce Ingwer schälen und fein würfeln. Den Bratensatz mit der Brühe loskochen. Zitronensaft, Sultaninen, Ingwer und Zucker zugeben. Gut verrühren. Die Fleischklöße einlegen und in der offenen Pfanne bei geringer Hitze etwa 10 Minuten köcheln lassen, dabei immer wieder mit der Sauce übergießen.

● Zu den Meatballs passen Nudelarten, die die Sauce gut aufnehmen können, z. B. Spiralnudeln.

Hamburger

Die Geschichte des Hamburgers ist bewegt und von Legenden umrankt. Sicher ist, dass Menschen an vielen Orten der Welt rohes Rindfleisch verzehrten. Besonders bekannt dafür sind seit dem 13. Jh. die Tataren. Ob nun russische Seeleute die Fleischbällchen in deutschen Häfen einführten oder deutsche Seefahrer sie aus Rußland mitbrachten, ist ungewiss. Jedenfalls wurde im 19. Jh. eine gegarte Version von Laiben aus durchgedrehtem Rindfleisch als Hamburger bekannt.
Aber ihren Siegeszug traten sie erst in den USA an, wo diverse Leute beanspruchen, um die Wende vom 19. zum 20. Jahrhundert Erfinder des eigentlichen Hamburgers gewesen zu sein, nämlich dem, der zwischen Brotscheiben bzw. Brötchenhälften serviert wird. Zur absoluten Erfolgsidee schließlich wurde dieser Hamburger, als der amerikanische Geschäftsmann Ray Albert Kroc die Brüder Mac und Dick McDonald traf. Die beiden führten seit 1939 im südkalifornischen San Bernardino einen sehr erfolgreichen Hot-Dog-Stand, seit 1940 dann einen Drive-in für hungrige Autofahrer: Diese wurden in Windeseile durch das offene Fenster mit Hamburgern zwischen den typischen Hamburger-Brötchenhälften bedient, um danach sofort weiterzufahren. Kroc tat sich mit den McDonalds zusammen: Er kaufte deren Geschäftskonzept und baute ein Franchisingsystem auf. Das erste Restaurant eröffnete 1955 in Des Plaines/Illinois. Schon 8 Jahre später verbuchte die Firma 1 Milliarde verkaufte Hamburger. Weltweit folgten bekanntlich noch viele andere Hamburgerketten.

3 Zwiebeln, 500 g Hackfleisch vom Rind,
1/8 l Mineralwasser, 1 TL Senf, 1–2 TL Ketchup,
1–2 Eier, Salz, frisch gemahlener Pfeffer,
1 TL Worcestersauce, 1 EL Öl,
4 mit Sesam bestreute Hamburgerbrötchen,
4 Salatblätter, Senf und Ketchup zum Würzen

Die Zwiebeln schälen, 1 davon fein hacken, die beiden anderen in Ringe schneiden. Die gehackte Zwiebel in einer Schüssel mit Hackfleisch, Mineralwasser, Senf, Ketchup und Ei(ern) locker vermengen, kräftig mit Salz, Pfeffer und Worcestersauce würzen. 4 flache Frikadellen aus der Fleischmasse formen. Mit Öl bestreichen und beidseitig auf dem vorgeheizten Grill garen.
Die Brötchen halbieren und die Schnittflächen toasten. Mit je 1 Salatblatt belegen. Darauf die Frikadellen setzen und die Zwiebelringe darüber verteilen. Mit je 1 Klecks Senf und Ketchup würzen und zusammenklappen.

● Es gibt viele Varianten dieses Standard-Burgers: ob als Doppeldecker, als Cheeseburger mit 1 Scheibe Käse, als Fishburger mit einer Frikadelle aus durchgedrehtem Fischfilet usw. Die Hauptsache ist, Sie können den Mund zum Essen weit genug aufsperren!

Katalanische Boles

600 g Hackfleisch halb und halb,
5 Knoblauchzehen, 2 Eier, 2 EL gehackte Petersilie,
Salz, frisch gemahlener Pfeffer
Für die Sauce:
1 Zwiebel, 30 g Mehl, 200 ml Weißwein,
2 EL Tomatenmark, 1/2 TL Zimt,
1 Prise Cayennepfeffer, Salz,
200 g entsteinte grüne Oliven,
50 g Serranoschinken in Würfeln
Außerdem:
Mehl zum Wenden,
75 g durchwachsener Speck, 3 EL Olivenöl

Das Hackfleisch in eine Schüssel geben. Knoblauch schälen und darüberpressen. Eier und Petersilie zum Fleisch geben, salzen und pfeffern und alles zu einem homogenen Teig verkneten. Etwas Mehl auf einen flachen Teller geben. Aus dem Teig Bällchen formen und im Mehl wälzen. Den Speck würfeln. In einem Topf den Speck in dem Olivenöl ausbraten. Bällchen einlegen und rundherum goldbraun braten. Herausnehmen und beiseite stellen.
Für die Sauce die Zwiebel schälen, fein hacken und im verbliebenen Brattfett goldbraun anschwitzen. Mit Mehl bestäuben, mit Wein ablöschen und mit Tomatenmark glatt rühren. Etwa 1 Minute köcheln lassen. Mit Zimt, Cayennepfeffer und wenn mit nötig Salz würzen. Oliven, Schinkenwürfel und Hackfleischbällchen zugeben. Alles bei geringer Hitze 30 Minuten schmoren.

- Traditionell servieren die Katalanen zu ihren geliebten Boles weiße Bohnen und Landbrot – und einen kräftigen Rotwein natürlich (z. B. Rioja).

Köttbullar

1 Zwiebel, 1 EL Butter, 5 EL Semmelbrösel,
ca. 300 ml Sahne, 450 g Hackfleisch halb und halb,
1 Ei, Salz, frisch gemahlener Pfeffer,
2 EL Butterschmalz, 30 g Mehl, 1/4 l Fleischbrühe,
frisch geriebene Muskatnuss

Die Zwiebel schälen und fein hacken. Die Butter in einer Pfanne erhitzen und die Zwiebel darin goldbraun anschwitzen. In einer Schüssel die Semmelbrösel mit 5 Esslöffeln Sahne und 3 Esslöffeln Wasser verrühren, mit Zwiebel, Hackfleisch und Ei verkneten, mit Salz und Pfeffer würzen. Aus der Masse kleine Bällchen formen. Das Schmalz in einer Pfanne erhitzen und die Bällchen darin rundherum goldbraun anbraten, herausnehmen und warm stellen.

Das Mehl über den Bratsatz stäuben, unterrühren und goldbraun anschwitzen. Mit der Brühe ablöschen, die restliche Sahne einrühren und die Sauce 10 Minuten köcheln lassen. Mit Salz, Pfeffer und Muskat würzen. Fleischbällchen und Sauce getrennt servieren.

- Reichen Sie dazu, nach schwedischer Tradition, Kartoffeln oder Kartoffelpüree und Preiselbeerkompott.

Königsberger Klopse

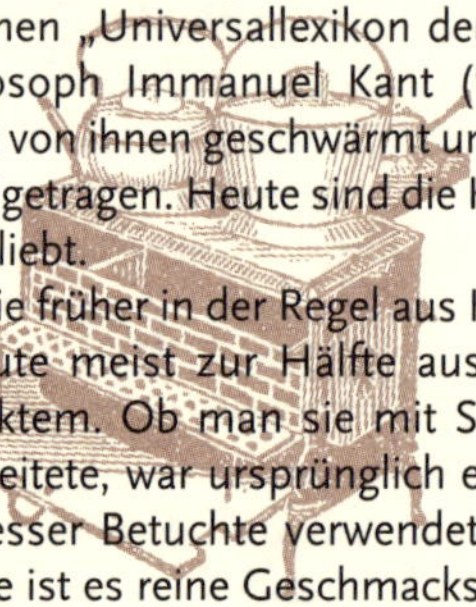

Wie schon der Name verrät, stammen diese Klopse ursprünglich aus Ostpreußen, wo man sie auch Soßklopse nannte und nur sonn- und feiertags genoss. Ein Hinweis auf ihren Bekanntheitsgrad ist ihre Erwähnung im 1886 erschienenen „Universallexikon der Kochkunst". Auch der Philosoph Immanuel Kant (1724–1804 in Königsberg) hat von ihnen geschwärmt und viel zu ihrer Berühmtheit beigetragen. Heute sind die Klopse in ganz Deutschland beliebt.

Bereitete man sie früher in der Regel aus Kalbfleisch zu, so sind sie heute meist zur Hälfte aus Rinder- und Schweinegehacktem. Ob man sie mit Sardellen oder Heringen zubereitete, war ursprünglich eine Frage des Geldbeutels. Besser Betuchte verwendeten die zarten Sardellen. Heute ist es reine Geschmacksache. Auch in der Art der Zubereitung war und ist man uneins. Einige Köche braten die Klopse erst an, bevor sie in einer säuerlichen Sauce serviert werden, andere wiederum garen sie in einem Sud aus Wasser oder Brühe, Gewürzen und Zitronensaft, aus dem dann die Sauce hergestellt wird.

Für die Klopse:

1 altbackenes Brötchen, etwas lauwarme Milch,
2 Zwiebeln, 1 TL Butter, 500 g Hackfleisch vom Kalb,
50 g Sardellenfilets, 100 g Kapern, 2 EL Senf,
1 Ei, Salz, frisch gemahlener Pfeffer

Für den Fond:

Saft von 1 unbehandelten Zitrone, 3 Nelken,
2 Lorbeerblätter, Salz, 1 Zwiebel

Für die Kapernsauce:
2 EL Butter, 2 EL Mehl, 3 EL Kapern, 2 Eigelb,
100 ml Sahne, Zitronensaft nach Belieben,
Salz, frisch gemahlener Pfeffer

Für die Klopse das Brötchen in Scheiben schneiden, in der Milch einweichen und dann fest ausdrücken. Inzwischen die Zwiebeln schälen, fein hacken und in Butter kurz anschwitzen. Sardellen und Kapern fein hacken. In einer Schüssel die vorbereiteten Zutaten mit Senf und Ei unter das Fleisch kneten, vorsichtig salzen und pfeffern. 12–16 runde Klopse daraus formen.
Für den Fond in einem Topf alle angegebenen Zutaten mit 1 Liter Wasser aufkochen. Klopse einlegen und darin etwa 20 Minuten mehr ziehen als kochen lassen, herausnehmen. Den Sud durch ein feines Sieb seihen, 1/2 Liter abmessen und beiseite stellen.
Für die Kapernsauce in einem Topf die Butter zerlassen, das Mehl darüberstäuben und eine helle Schwitze herstellen. Fond angießen und glatt rühren. Kapern untermischen und die Sauce vom Herd ziehen. Die Eigelbe mit der Sahne verquirlen und unterrühren. Vorsicht: Danach darf die Sauce nicht mehr kochen! Mit Zitronensaft, Salz und Pfeffer würzen.
Die Klopse in die Sauce einlegen und erneut darin erwärmen. Dazu Kartoffelpüree oder Salzkartoffeln und Rote Bete servieren.

Kohlrouladen

4 große Wirsingblätter, Salz, 8 Scheiben durchwachsener Speck, 1 Grundrezept Frikadellen (Rezept S. 14), Öl zum Braten, 1/4 l Brühe

Von den Wirsingblättern die dicken Rippen flach schneiden. Die Blätter in kochendes Salzwasser einlegen und kurz blanchieren. Danach in kaltem Wasser abschrecken, nebeneinander auf Küchenpapier legen und abtropfen lassen. Auf jedes Blatt 2 Scheiben Speck legen. An den unteren Rand anteilig die nach dem Grundrezept für Frikadellen vorbereitete Fleischmasse setzen. Die Blätter aufrollen, dabei die seitlichen Ränder einschlagen und mit Küchengarn zusammenbinden. Das Öl in einer Pfanne erhitzen und die Kohlrouladen darin rundherum hellbraun anbraten. Die Brühe angießen und die Rouladen bei geschlossenem Deckel in 20–30 Minuten gar schmoren. Bei Bedarf zwischendurch mit etwas mehr Brühe auffüllen. Dazu Kartoffelpüree servieren.

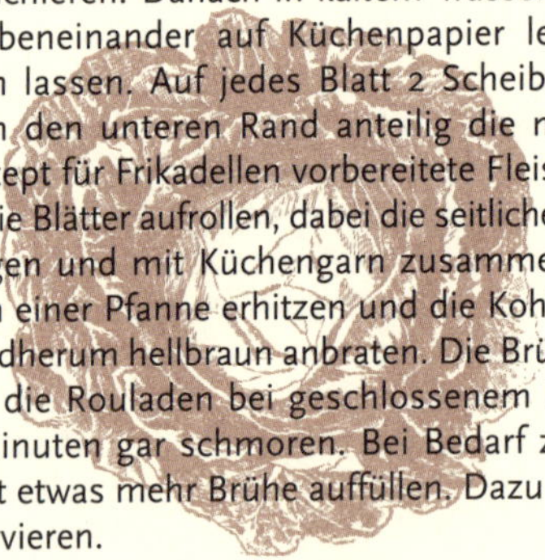

- Anstelle von Kohlblättern können Sie auch zarte Rindfleischscheiben (Rouladen) nehmen. Die Garzeit verlängert sich dann auf 1–1 1/2 Stunden.
- Statt Hackfleisch halb und halb können Sie auch Lammhackfleisch verwenden.
- Etwas Feta oder ein paar gewürfelte Trockenpflaumen geben der Füllung zusätzlichen Pfiff.

Indische Reispfanne

6 Zwiebeln, 250 g Hackfleisch vom Lamm,
250 g Hackfleisch von Geflügel, 1 Ei,
2 EL gehackte Petersilie, Salz, 1 TL Curry,
Zitronensaft nach Belieben, Öl zum Braten,
1 Mango, 50 g Rosinen, 1/2 TL Zimt,
200 g Reis, 1/4 l Hühnerbrühe, 50 g Butter

Eine Zwiebel schälen und sehr fein hacken. Mit den beiden Fleischsorten, Ei und Petersilie verkneten. Mit Salz, 1/2 Teelöffel Curry und nach Belieben Zitronensaft würzen. Kleine Bällchen aus der Masse formen.
Das Öl in einer Pfanne erhitzen und die Bällchen darin rundherum braun braten, herausnehmen. Die Pfanne beiseite stellen. Die übrigen Zwiebeln schälen und vierteln. Die Mango halbieren, den Kern herauslösen und das Fruchtfleisch in Stücke schneiden. Den Backofen auf 120–150 °C vorheizen.
Die Pfanne erneut erhitzen. Zwiebeln in dem verbliebenen Öl kurz anbraten, gut gewaschene Rosinen und Mango zugeben. Zimt und restlichen Curry darüberstäuben, Reis einstreuen und alles verrühren. Mit der Brühe ablöschen, den Deckel auflegen und bei geringer Hitze 20 Minuten garen. Danach die Bällchen und die Butter in Flöckchen auf den Reis legen, unterheben und im vorgeheizten Ofen kurz ziehen lassen.

● Dazu passt ein warmes Obstragout. Dafür jeweils 1–2 Äpfeln, Orangen und Bananen in 1–2 Esslöffeln Butter leicht andünsten und mit etwas Honig süßen.

Bifteki-Pfanne

300 g Hackfleisch vom Lamm oder
halb und halb, 3 Zwiebeln, 1 altbackenes Brötchen,
1–2 EL Semmelbrösel bei Bedarf,
etwas lauwarmes Wasser oder warme Milch,
1 Ei, Salz, frisch gemahlener Pfeffer, 200 g Feta,
250 g Kirschtomaten, 1 rote Paprikaschote,
1 kleine Zucchini, 40 g Butterschmalz zum Braten,
2 Tassen Kritharaki-Nudeln, 1/2 TL Oregano,
1/8 l Weißwein

Aus Hackfleisch, 1 geschälten und gehackten Zwiebel, eingeweichtem Brötchen, ggf. Semmelbröseln, Ei, Salz und Pfeffer entsprechend dem Grundrezept für Frikadellen (siehe Rezept S. 14) einen homogenen Fleisch-

teig kneten. Den Käse in Stifte schneiden. Aus dem Fleischteig längliche „Finger“ formen, dabei jeweils einen Käsestick damit umschließen.
Die beiden restlichen Zwiebeln schälen und grob würfeln. Paprikaschote von Stielansatz, Samen sowie Scheidewänden befreien und grob würfeln. Die Zucchini putzen und in 1 Zentimeter dicke Scheiben schneiden. Kirschtomaten halbieren.
Das Schmalz in einer Pfanne erhitzen und die Hackröllchen darin rundum braun anbraten. Herausnehmen und beiseite stellen. Zwiebeln, Paprika und Zucchini in dem verbliebenen Bratfett anschwitzen. Mit Salz, Pfeffer und Oregano würzen. Wein angießen und die Hackröllchen auf das Gemüse legen. Die Pfanne mit dem Deckel verschließen und Fleisch und Gemüse 5 Minuten schmoren lassen.
Inzwischen die Nudeln nach Packungsanweisung in Salzwasser bissfest garen, in ein Sieb abgießen. Mit den Tomaten unter den Pfanneninhalt heben und kurz darin erwärmen. Die bunte Pfanne mit deftigem Landbrot servieren.

● Kritharaki sind typisch griechische Nudeln in Reisform. Man erhält sie sehr günstig in griechischen, türkischen oder orientalischen Feinkostgeschäften.

Gefülltes Schweinefilet

2 Schweinefilets (à ca. 250 g),
1 Grundrezept Frikadellen (Rezept S. 14),
1 kleines Bund frische gemischte Kräuter,
Salz, frisch gemahlener Pfeffer,
1 Prise Piment, 1 Zwiebel, 1 Tomate,
2 EL Öl, 1/2 l Brühe

Von den Filets die dünnen Enden abschneiden und anderweitig verwenden (z. B. für Geschnetzeltes). Mit einem spitzen, dünnen Messer längs eine Tasche hineinschneiden. Die Kräuter abbrausen und trockentupfen, die Blättchen abzupfen und fein hacken. Die nach Grundrezept vorbereitete Hackfleischmasse mit den Kräutern vermengen und die Filets damit füllen. Ringsherum mit Salz, Pfeffer und Piment einreiben. Zwiebel schälen und würfeln. Tomate blanchieren, vom Stielansatz befreien, häuten und in Stücke schneiden. Das Öl in einer Pfanne erhitzen und die Filets ringsherum darin anbraten. Kurz vor Ende der Garzeit Zwiebel und Tomate zugeben und mitbraten. Danach den Fond mit etwas Brühe loskochen. Den Topf mit dem Deckel verschließen und das Filet in gut 20 Minuten fertigschmoren; dabei nach und nach die restliche Brühe angießen.

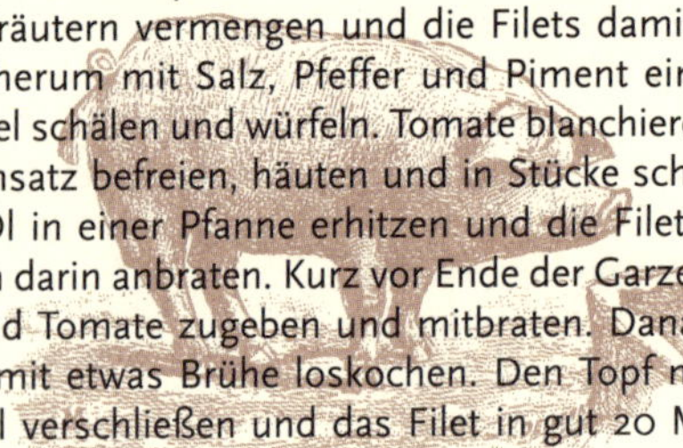

Das Fleisch herausnehmen und auf einer vorgewärmten Platte anrichten. Die Sauce mit dem Schneebesen glatt rühren, abschmecken und separat servieren. Dazu passen Salzkartoffeln oder Pommes frites und ein knackiger Salat.

Gefüllte Pfannkuchen (Wraps)

Für den Teig:
2 Eier, 250 g Mehl, 1/2 l Milch, Salz
Für die Füllung:
1 rote Paprikaschote, 1 Dose Mais (330 g), ca. 10 braune Champignons, 1 TL eingelegter grüner Pfeffer, 1 Grundrezept Frikadellen (Rezept S. 14), Öl zum Braten, Salz, frisch gemahlener Pfeffer, 1–2 EL Ketchup

Für den Teig in einer Schüssel die Eier verschlagen und abwechselnd mit Mehl und Milch glatt rühren, salzen. 10 Minuten quellen lassen.
Inzwischen für die Füllung die Paprika halbieren, von Stielansatz, Samen sowie Scheidewänden befreien und fein würfeln. Mais in einem Sieb abtropfen lassen. Pilze putzen und fein hacken. Paprika, Mais und Pilze mit den Zutaten für das Grundrezept Frikadellen und dem grünen Pfeffer gründlich verkneten. Öl in einer Pfanne erhitzen und die Mischung darin krümelig braten. Mit Salz, Pfeffer und Ketchup würzen.
Öl in einer weiteren kleinen Pfanne erhitzen und aus dem Teig dünne Pfannkuchen ausbacken. Auf Küchenpapier legen. Anteilig mit der Hackfleischfüllung belegen und die Pfannkuchen zu Tüten rollen. Bis zum Verzehr im auf 150 °C vorgeheizten Ofen warm halten.

- Wickeln Sie die Wraps in Butterbrotpapier und essen Sie sie aus der Hand, servieren Sie sie auf Toastbrot oder mit Käse überbacken zu Reis.

Gerichte aus dem Ofen

Dass Hackfleisch zu viel mehr als nur zu Bällchen verarbeitet wird, beweisen die zahlreichen Gerichte, bei denen es als Zutat für Füllungen, Aufläufe, Pasteten und Terrinen viel Abwechslung in den Speiseplan bringt. Hackfleischfüllungen machen die Gerichte gehaltvoller und saftiger. Aufläufe, diese geschichteten Köstlichkeiten aus dem Ofen, die eigentlich jedem schmecken, kann man vielfältig mit diversen Hackfleisch-, Gemüse- und Käsesorten etc. variieren. Pasteten, also mit Teig umhüllte Hackfleischgerichte, gibt es von rustikal bis fein. Als Teigmantel eignen sich ungesüßter Mürbe-, Filo-, Blätter- oder auch Hefeteig. Sie können die in diesem Kapitel vorgestellten Rezepte natürlich auch mit jeweils anderen Teigarten ausprobieren. Aber auch Terrinen, also solche Pasteten, die ohne Teighülle auskommen, lassen sich auf der Basis von Hackfleisch köstlich zubereiten.

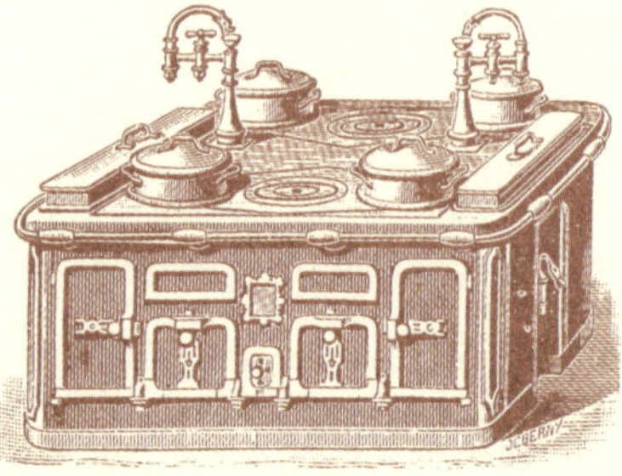

Gefüllte Paprikaschoten

2 Zwiebeln, 2 Knoblauchzehen, 5 EL Öl,
350 g Hackfleisch vom Rind, 80 g Reis, 200 ml Brühe,
2 EL Tomatenmark, Salz, frisch gemahlener Pfeffer,
frisch geriebene Muskatnuss, 1 Bund gehackte
Petersilie, 4 große grüne Paprikaschoten,
1 große Dose Tomaten (800 g), 1 Prise Zucker,
2 TL Paprika edelsüß, 1/4 TL Chilipulver, 3 EL Sahne

Zwiebeln und Knoblauch schälen und fein hacken. 1 Zwiebel und 1 Knoblauchzehe kurz in erhitztem Öl anschwitzen. Hackfleisch zugeben und krümelig braten. Reis, Brühe und Tomatenmark einrühren, mit Salz, Pfeffer und Muskat würzen. 15 Minuten köcheln lassen. Drei Viertel der Petersilie untermischen. Vom Herd nehmen. Von den Paprikaschoten den Stiel entfernen und einen Deckel abschneiden. Schoten von Samen und Scheidewänden befreien. Mit der Fleischmischung füllen und jeweils mit den Deckeln wieder verschließen.
Das restliche Öl in einem passenden Topf erhitzen und die gefüllten Paprikaschoten aufrecht hineinsetzen. Mit restlicher Zwiebel und übrigem Knoblauch andünsten. Tomaten und ggf. Reste der Füllung zugeben. Mit Zucker, Salz, Pfeffer, Paprika, Chilipulver und restlicher Petersilie würzen. Die Paprikaschoten bei geschlossenem Deckel und geringer Hitze in etwa 30 Minuten weich schmoren. Herausnehmen und auf einer vorgewärmten Platte anrichten. Die Sauce mit der Sahne verrühren, nochmals abschmecken und die Schoten damit übergießen. Dazu passen Salzkartoffeln.

Auberginen- oder Zucchinischiffchen

2 mittelgroße Auberginen oder Zucchini,
1 TL Salz, 1 Grundrezept Frikadellen (Rezept S. 14),
100 g knapp bissfest gekochter Reis, 1 Fleischtomate,
1 TL Kapern, Salz, frisch gemahlener Pfeffer,
1 EL saure Sahne, 100 g geriebener Käse (z. B. Gouda
oder Emmentaler), Öl zum Beträufeln

Die Auberginen oder Zucchini putzen und längs halbieren. Mit einem scharfkantigen Löffel aushöhlen, ohne dabei die Wände zu verletzen. Die Schnittflächen mit Salz bestreuen. 10 Minuten stehen lassen, damit die Früchte Wasser ziehen können. Danach trockentupfen oder mit der Höhlung nach unten auf Küchenpapier abtropfen lassen. Die Tomate blanchieren, vom Stielansatz befreien, häuten und fein hacken.
Den Backofen auf 200 °C vorheizen. Einen Hackfleischteig nach dem Grundrezept für Frikadellen zubereiten. Mit Reis, Tomate und Kapern vermengen, mit Salz und Pfeffer würzen. Diese Masse in die Auberginen- oder Zucchinihälften häufen, mit der sauren Sahne bestreichen und mit dem geriebenen Käse bestreuen. Mit etwas Öl beträufeln. In den vorgeheizten Ofen (mittlere Schiene) schieben und in 20–30 Minuten goldbraun backen. Dazu Reis oder Bratkartoffeln und einen knackigen Salat reichen.

- Sie können die Gemüseschiffchen auch in einer großen Pfanne in etwas Öl anbraten und bei geschlossenem Deckel schmoren.

Westfälische Wurstbrötchen

4 rechteckige TK-Blätterteigplatten,
Mehl zum Ausrollen, 500 g Bratwurstbrät,
1 Ei, 1 EL Milch

Den Blätterteig auftauen lassen. Danach die Platten auf einer bemehlten Arbeitsfläche einzeln leicht ausrollen. Jeweils ein Viertel der Masse auf das untere Drittel legen, dabei rundherum einen 1 Zentimeter breiten Rand frei lassen. Das Ei trennen. Die Teigränder mit verquirltem Eiweiß bestreichen. Die Teigplatten zu Rollen aufwickeln und mit der „Naht" nach unten auf die Arbeitsfläche legen. Die Ränder fest andrücken. Eigelb und Milch verquirlen und die Teigrollen damit bestreichen.
Den Backofen auf 200 °C vorheizen. Ein Backblech mit Wasser bespritzen oder mit Backpapier auslegen. Die Wurstbrötchen in größerem Abstand auf das Blech legen, in den vorgeheizten Backofen (mittlere Schiene) schieben und in etwa 40 Minuten goldbraun backen. Dazu Senf und einen frischen, knackigen Salat reichen.

Falscher Hase

4 EL Semmelbrösel, 2 EL Milch, 3 Zwiebeln, 250 g Mett, 250 g Hackfleisch halb und halb, 2 Eier, 1 EL Senf, 1 EL gehackte Petersilie, Salz, frisch gemahlener Pfeffer, Butter und Semmelbrösel für die Form, 2 weich gekochte Eier, 10 Scheiben durchwachsener Speck

Die Semmelbrösel mit der Milch verrühren. Die Zwiebeln schälen und fein hacken. Mett und Hackfleisch mit rohen Eiern, eingeweichten Semmelbröseln und Zwiebeln verkneten. Mit Senf und Petersilie vermengen und mit Salz und Pfeffer würzen.
Den Backofen auf 175 °C vorheizen. Eine Kastenform einfetten und mit Semmelbröseln ausstreuen. Die gekochten Eier pellen. Drei Viertel der Teigmasse in die Form drücken. Längs eine tiefe Kuhle hineindrücken. Die gekochten Eier hineinlegen. Mit dem Rest des Hackfleisches bedecken und vorsichtig glatt drücken. Die Oberfläche mit Speckscheiben belegen. Die Form in den vorgeheizten Ofen (mittlere Schiene) schieben und den Hackbraten in 1–1 1/4 Stunden braun backen. Sollte der Braten zu dunkel werden, diesen etwa 15 Minuten vor Ende der Garzeit mit Alufolie abdecken.

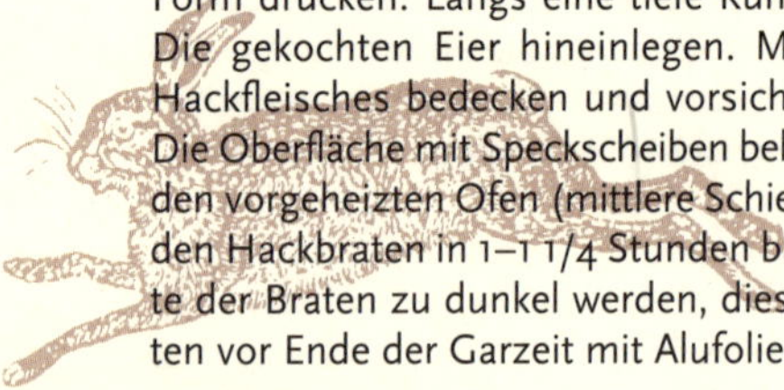

- Sie können den vorbereiteten Hackbraten auch zu einer Rolle formen, auf ein mit Backpapier ausgelegtes Backblech legen und dann wie oben beschrieben garen.

Hackbraten, mediterrane Art

10 getrocknete Tomaten,
1/4 l Tomatensaft,
1 Grundrezept Frikadellen (Rezept S. 14),
Öl und Semmelbrösel für die Form,
1 gelbe Paprikaschote,
200 g Feta, Basilikumblättchen
zum Dekorieren

In einer Schale die getrockneten Tomaten 10 Minuten in Tomatensaft einlegen. Den Frikadellenteig nach Grundrezept vorbereiten und dritteln. Ein Stück Alufolie zu einer länglichen „Kasserolle" formen. Diese einfetten und mit Semmelbröseln ausstreuen.
Die Paprikaschote halbieren, von Stielansatz, Samen und Scheidewänden befreien und in längliche Streifen schneiden. Den Feta in Scheiben schneiden.
Den Backofen auf 175 °C vorheizen. Ein Drittel des Fleischteigs in die „Aluform" drücken. Darauf die Paprikastreifen verteilen. Mit dem zweiten Drittel des Fleischteigs belegen. Darauf den Feta verteilen und die abgetropften Tomaten darauf verteilen. Mit dem restlichen Fleischteig bedecken. Das Ganze fest andrücken und zu einem Laib formen. Die Folie an den Rändern hochdrücken, aber nicht verschließen.
Den Hackbraten im vorgeheizten Ofen (mittlere Schiene) in 45 Minuten goldbraun backen. Herausnehmen und mit Basilikumblättchen dekoriert servieren. Dazu Bratkartoffeln und/oder Ratatouille servieren.

Brigittes Hackfleischterrine

Für 6 Personen

1 altbackenes Brötchen,
1 Brötchen vom Vortag, 2–3 Paprikaschoten,
1 Zwiebel, 200 g gekochter Schinken,
100 g geräucherter Schinken, 1 EL Öl,
1 kg Hackfleisch halb und halb, 6 Eier,
frisch gemahlener Pfeffer, Salz,
1 Prise Majoran, 100 g geriebener Gouda,
Fett für die Form

Das altbackene Brötchen in lauwarmem Wasser einweichen. Vom Vortagsbrötchen die Kruste etwas abreiben und das Innere in Würfel schneiden. Die Paprikaschoten von Stielansatz, Samen sowie Scheidewänden befreien und in Würfel schneiden. Die Zwiebel schälen und wie die beiden Schinkensorten ebenfalls würfeln. Das Öl in einer Pfanne erhitzen und die gewürfelten Zutaten darin leicht anbraten, abkühlen lassen. Das eingeweichte Brötchen fest ausdrücken.

Den Backofen auf 175 °C vorheizen. In einer Schüssel das Hackfleisch mit dem Pfanneninhalt, den Eiern und dem ausgedrückten Brötchen verkneten, kräftig mit Salz und Pfeffer würzen.

Eine Auflaufform einfetten und die Hackfleischmasse hineindrücken. Im vorgeheizten Ofen (mittlere Schiene) etwa 1 Stunde backen.

Die Pastete schmeckt sowohl heiß als auch kalt. Dazu passen frisch angerührter Kräuterquark, Salat und kräftiges, dunkles Brot.

- Für besondere Gelegenheiten die Terrine in Rotweingelee servieren. Zuvor die abgekühlte Terrine stürzen und in eine etwas größere Form legen. 2 Päckchen gemahlene Gelatine nach Packungsanleitung auflösen. 1/2 Liter Rotwein mit 1/4 Liter Wasser aufkochen, die aufgelöste Gelatine einrühren und mit 1/4 TL Nelkenpulver, 1/2 TL abgeriebener Orangenschale und etwas Orangensaft aromatisieren. Die Pastete damit bedecken und das Gelee im Kühlschrank in 2–3 Stunden erstarren lassen. Vor dem Servieren mit Minzeblättchen und Orangenspalten garnieren.

Sauerkraut-Auflauf

Für 6 Personen

375 g Sauerkraut, 1 großer Apfel,
5 Wacholderbeeren, 5 EL Butter,
500 g Kartoffeln, Salz, etwa 1/8 l Milch,
2 Zwiebeln, 2 EL Öl,
500 g Hackfleisch halb und halb,
frisch gemahlener Pfeffer, 2 EL Sahne,
1 EL Ketchup, Butter für die Form,
100 g Parmesan, 100 g Semmelbrösel,
50 g Butter in Flöckchen

Das Sauerkraut in ein Sieb geben, leicht abspülen, ausdrücken und etwas kleiner schneiden. Den Apfel schälen und würfeln. Die Wacholderbeeren im Mörser zerdrücken. 1 Esslöffel Butter in einem Topf erhitzen und das Sauerkraut mit Apfel und Wacholderbeeren darin einige Minuten anschwitzen.

Inzwischen die Kartoffeln schälen, in Würfel schneiden und in Salzwasser garen. Das Kochwasser abgießen. Die noch heißen Kartoffeln mit Milch und der restlichen Butter zu Püree zerstampfen.
Zwiebeln schälen und würfeln. Öl in einer Pfanne erhitzen und das Hackfleisch darin anbraten, Zwiebeln zugeben und ein paar Minuten mitbraten. Mit Salz und Pfeffer würzen, mit Sahne und Ketchup sämig rühren.
Den Backofen auf 200 °C vorheizen. Eine große Auflaufform einfetten. Die Hälfte des Sauerkrauts auf dem Boden verteilen und darüber die Hälfte des Kartoffelpürees verstreichen. Darauf die Hälfte des Hackfleischs verteilen. Mit der Hälfte des Parmesans bestreuen. Mit dem übrigen Sauerkraut, Püree, Fleisch und Parmesan ebenso verfahren. Die Oberfläche mit den Semmelbröseln bestreuen und mit Butterflöckchen belegen. Den Auflauf im vorgeheizten Backofen (mittlere Schiene) 20–30 Minuten backen.

- Sie können anstelle des Sauerkrauts auch Tomatenscheiben verwenden und auf der Basis dieses Rezeptes einen Tomatenauflauf zubereiten.

Wirsing-Kartoffel-Lasagne

6–8 große Wirsingblätter, Salz, Kümmel,
1 kg mehlig kochende Kartoffeln, 2 Zwiebeln,
300 g Pfifferlinge, 60 g gewürfelter Bauchspeck,
375 g Hackfleisch halb und halb,
1 kleine Dose Tomaten (400 g),
frisch gemahlener Pfeffer,
1/2 TL Oregano, 1 TL gekörnte Brühe,
1 EL Mehl, Butter für die Form,
200 g geriebener Emmentaler, 3/8 l Sahne

Die Wirsingblätter von den dicken Rippen befreien. In kochendem, mit etwas Kümmel versetztem Salzwasser 3 Minuten blanchieren. In kaltem Wasser abschrecken und auf Küchenpapier abtropfen lassen. Die Kartoffeln schälen und in Scheiben schneiden. Die Zwiebeln schälen und würfeln. Die Pilze putzen und je nach Größe ganz belassen oder halbieren.
Den Bauchspeck in einer Pfanne auslassen und Zwiebeln und Pilze darin anbraten, herausnehmen und beiseite stellen. Das Hackfleisch in dem verbliebenen Bratfett anbraten, die Tomaten zerkleinern und mit dem Saft

zum Hackfleisch geben. Die Pilzmischung dazugeben und unterrühren. Mit Salz, Pfeffer, Oregano und Brühe kräftig würzen. Mit Mehl bestäuben und einige Minuten köcheln lassen. Backofen auf 200 °C vorheizen.
Eine große Auflaufform mit Butter einfetten. Mit der Hälfte der Wirsingblätter auslegen. Darüber die Hälfte der Hackfleischmasse verteilen, darauf eine Lage Kartoffelscheiben legen. Mit Käse bestreuen. Mit den restlichen Zutaten ebenso verfahren. Zum Schluss die Sahne angießen und den Auflauf mit dem restlichen Käse bestreuen. Im vorgeheizten Backofen (mittlere Schiene) in 45 Minuten goldbraun backen.

Ein frisches, kühles Bier schmeckt herrlich dazu!

Moussaka

Für 6 Personen

Für den Auflauf:
500 g Auberginen, 500 g Kartoffeln, Salz,
2 Zwiebeln, 200 ml extra natives Olivenöl,
500 g Hackfleisch vom Lamm (oder halb und halb),
2 Knoblauchzehen, frisch gemahlener Pfeffer,
1 Prise Zimt, frisch geriebene Muskatnuss,
1 EL Oreganoblättchen, 500 g feste Tomaten,
50 g Mehl, 150 g Kefalotiri (griechischer
Hartkäse, ersatzweise spanischer Manchego)
Für die Béchamelsauce:
40 g Butter, 40 g Mehl, 600 ml Milch, Salz,
frisch gemahlener weißer Pfeffer,
frisch geriebene Muskatnuss,
Zitronensaft nach Belieben, 2 Eier
Außerdem:
Olivenöl für die Form

Für den Auflauf die Auberginen putzen und in 1/2 Zentimeter dicke Scheiben schneiden. Auf Küchenpapier auslegen und mit Salz bestreuen. 10 Minuten Wasser ziehen lassen, danach trockentupfen. Inzwischen die Kartoffeln schälen, waschen und in Salzwasser halb gar kochen. Abgießen, abkühlen lassen und in dünne Scheiben schneiden. Zwiebeln schälen und klein würfeln.
1 Esslöffel Öl in einer Pfanne erhitzen und die Zwiebeln darin glasig anschwitzen. Das Hackfleisch unterrühren und krümelig und braun braten, dann den Knoblauch schälen und dazupressen. Das Ragout mit Salz, Pfeffer,

Zimt, Muskat und Oregano pikant würzen, vom Herd nehmen. Die Tomaten vom Stielansatz befreien und in Scheiben schneiden.
Den Backofen auf 200 °C vorheizen. Eine große Auflaufform mit wenig Olivenöl auspinseln. Die Auberginenscheiben in Mehl wenden. Öl in einer Pfanne erhitzen und darin die Auberginen portionsweise von beiden Seiten goldbraun anbraten, auf Küchenpapier abtropfen lassen.
Eine flache Auflaufform mit den Kartoffelscheiben auslegen und die Hälfte der Fleischmasse darauf verstreichen. Mit der Hälfte der Auberginenscheiben belegen und mit etwas Käse bestreuen. Die restliche Fleischmasse darauf geben und mit den übrigen Auberginenscheiben bedecken. Mit etwas Käse bestreuen und die Tomatenscheiben darauf verteilen.
Für die Béchamelsauce die Butter in einem Topf zerlassen. Das Mehl darin goldgelb anschwitzen, nach und nach unter Rühren die Milch angießen. Zu einer cremigen Sauce einkochen lassen, mit Salz, Pfeffer und Muskat würzen, vom Herd nehmen. In einer Tasse die Eier mit etwas Sauce verrühren, diese Mischung unter die übrige Sauce ziehen, nicht mehr kochen lassen! Den Auflauf mit der Sauce überziehen und alles mit dem restlichen Käse bestreuen. Im vorgeheizten Ofen (mittlere Schiene) etwa 45 Minuten backen.

- Anstatt Béchamelsauce können Sie die Moussaka auch mit einer Eisahne bestehend aus 4 Eiern und 1/4 Liter Sahne übergießen und wie beschrieben im Ofen garen.

Pastitsio

Für 6–8 Personen

500 g Makkaroni, Salz, 2 Zwiebeln, 750 g Tomaten,
6 EL Öl, 750 g Hackfleisch vom Lamm,
2 Knoblauchzehen, 2–3 EL Tomatenmark,
1 TL gerebelter Oregano, 1/4 TL Zimt,
frisch gemahlener schwarzer Pfeffer,
1 Ei, 1 Scheibe Toastbrot,
100 g geriebener Kefalotiri (griechischer Hartkäse,
ersatzweise spanischer Manchego),
1 doppelte Menge Béchamelsauce (Rezept S. 62),
Butter oder Öl für die Form

Die Nudeln in reichlich Salzwasser knapp bissfest kochen. Herausnehmen und auf einem Sieb abtropfen lassen. Inzwischen Zwiebeln schälen und fein würfeln. Tomaten blanchieren, vom Stielansatz befreien, häuten und würfeln.
In einer Pfanne das Öl erhitzen und das Hackfleisch darin krümelig anbraten. Die Zwiebeln zugeben und ein paar Minuten mitbraten. Den Knoblauch schälen und

dazupressen. Tomatenmark unterrühren und kurz mitbraten. Mit Oregano, Zimt, Salz und Pfeffer würzen. Zum Kochen bringen und 15 Minuten schmoren lassen. Das Ei in einer Schüssel verquirlen. Das Toastbrot zerkrümeln. Die Hälfte davon unter das Ei mischen und in das nicht mehr kochende Fleischgemisch einrühren. Die Béchamelsauce nach Rezept zubereiten.
Den Backofen auf 175 °C vorheizen. Eine Auflaufform einfetten. Die restlichen Brotkrümel auf dem Boden verteilen. Die Hälfte der Nudeln einschichten. Darüber die Hälfte der Hackfleischmischung verstreichen. Darauf die Hälfte der Béchamelsauce geben und mit der Hälfte des Käses bestreuen. Mit den restlichen Zutaten ebenso verfahren. Den Auflauf in den vorgeheizten Ofen (mittlere Schiene) schieben und 45 Minuten garen, danach sollte die Oberfläche schön braun sein. Dazu einen knackigen Salat servieren.

Lasagne, Bologneser Art

Für 6 Personen

16 Lasagneblätter

Für die Fleischsauce:

1 Zwiebel, 1 Möhre, 3 Stangen Staudensellerie,
4 EL Olivenöl, 4 EL Butter,
500 g Hackfleisch vom Rind,
2 EL Tomatenmark, 1 große Dose Tomaten (800 g),
Salz, frisch gemahlener Pfeffer,
2 EL gehackte Petersilie, 2 EL gehackter Thymian,
1/8 l Fleischbrühe, 1/8 l Rotwein

Für die Béchamelsauce:

2–3 EL Butter, 30 g Mehl, 1/2 l Milch,
Salz, frisch gemahlener weißer Pfeffer,
frisch geriebene Muskatnuss

Außerdem:

Fett für die Form, 100 g frisch geriebener
Parmesan zum Bestreuen

Für die Fleischsauce die Zwiebel schälen, Möhre und Sellerie putzen und alles sehr fein würfeln. In einem Topf Öl und Butter erhitzen und das Hackfleisch darin braun und krümelig braten. Gemüse und Tomatenmark zugeben und kurz mitdünsten. Die Tomaten zerkleinern und samt Saft unterrühren. Mit Salz, Pfeffer und Kräutern kräftig würzen. Brühe und Wein angießen. Die Sauce bei geringer bis mittlerer Hitze 50 Minuten köcheln lassen.

Für die Béchamelsauce die Butter in einem Topf zerlassen, das Mehl einrühren und mitschwitzen, ohne es

Farbe nehmen zu lassen. Die Milch zugießen, glatt rühren und zum Kochen bringen. Mit Salz, Pfeffer und Muskat würzen und ca. 10 Minuten bei geringer Hitze unter Rühren köcheln lassen.
Inzwischen in einem Topf Salzwasser zum Kochen bringen, die Lasagneblätter einzeln einlegen und darin 5 Minuten vorkochen. Vorsichtig herausheben und auf einem Küchentuch nebeneinander auslegen.
Den Backofen auf 180 °C vorheizen. Den Boden einer Auflaufform einfetten und mit Lasagneblättern knapp überlappend bedecken. Die Hälfte der Fleischsauce gleichmäßig darauf verteilen und mit einer Schicht Lasagneblätter bedecken. Darauf die Hälfte der Béchamelsauce verstreichen. Den gesamten Vorgang noch einmal wiederholen. Die abschließende Béchamelschicht mit dem Parmesan bestreuen. In den vorgeheizten Ofen schieben (mittlere Schiene) und 40–50 Minuten backen, danach sollte die Oberfläche schön gebräunt sein. Dazu einen knackigen Salat reichen.

Cannelloni

Die Cannelloni sind quasi eine Variante der Lasagne (Rezept S. 66). Die Fleisch- und die Béchamelsauce sind die gleichen und werden ebenso zubereitet. Statt die Fleischsauce zwischen Lasagneblätter zu schichten, diese in die Cannelloni füllen, dicht an dicht nebeneinander in eine große gefettete Auflaufform legen und mit der Béchamelsauce bedecken. Die Cannelloni statt mit Parmesan mit einem geriebenen Käse nach Wahl bestreuen und im vorgeheizten Ofen (mittlere Schiene) bei 200 °C in etwa 40 Minuten goldbraun backen. Wenn nötig, das Gericht während der letzten Minuten mit Alufolie abdecken.

Südafrikanischer Kürbis-Auflauf

Für 6 Personen

1 mittelgroßer Kürbis (1,5–2 kg, z. B. Gelber oder Roter Zentner), Salz, 250 g Zwiebeln, 2 EL Öl, 200 g Langkornreis, 750 g Bratwurstbrät, 4 Knoblauchzehen, 125 g getrocknete Aprikosen, 120 g Weißbrot ohne Rinde, 50 g Rosinen, 2 EL Curry, Cayennepfeffer, 8–9 Eier, 3/8 l Sahne

Von dem Kürbis einen Deckel abschneiden. Die Fasern und Kerne entfernen. Vorsichtig das Fleisch herauslösen, ohne dabei die Schale zu beschädigen. Von innen mit Salz einreiben und den Kürbis mit der Öffnung nach unten auf Küchenpapier setzen. Von dem

Fruchtfleisch 500 Gramm abwiegen und würfeln. (Das übrige Kürbisfleisch zugedeckt in den Kühlschrank stellen und für eine anderweitige Verwendung aufbewahren (oder garen, pürieren und einfrieren). Die Zwiebeln schälen und würfeln.
Das Öl in einer großen Pfanne erhitzen und die Zwiebeln darin anschwitzen. Reis, Kürbiswürfel und das zerbröselte Brät unterrühren und die Pfanne vom Herd ziehen. Knoblauch schälen und fein hacken. Aprikosen klein schneiden und das Brot würfeln. Knoblauch, Aprikosen, Brotwürfel und Rosinen unter den Pfanneninhalt mischen. Bei Bedarf etwas Wasser zufügen. Mit Salz, Curry und Cayennepfeffer würzen. Den Backofen auf 200 °C vorheizen.
Die Kürbisschale innen trockentupfen und aufrecht in einen feuerfesten Topf passender Größe setzen. Den Pfanneninhalt hineingeben. Eier und Sahne verquirlen, salzen und über die Füllung gießen. Den Topf mit dem gefüllten Kürbis in den vorgeheizten Backofen (mittlere Schiene) schieben und etwa 2 1/2 Stunden garen; Dabei während der letzten Stunde mit Alufolie abdecken. Den Kürbis nach Ende der Garzeit 10 Minuten im ausgeschalteten Ofen ruhen lassen. Im Topf servieren.

- Das Gericht ist auch unter dem Namen „bobotie" bekannt. Diese hier ist eine von zahlreichen regionalen Varianten.

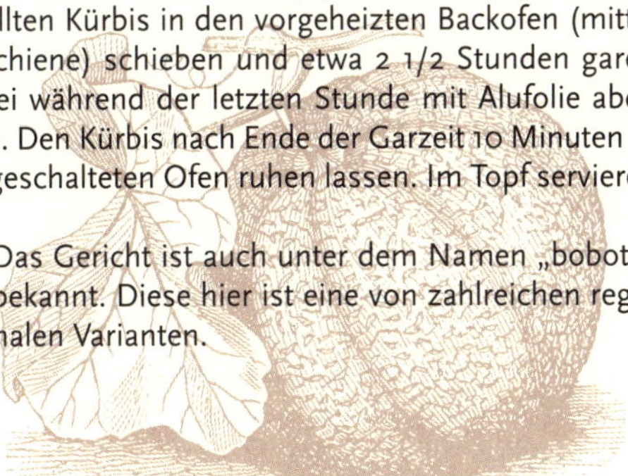

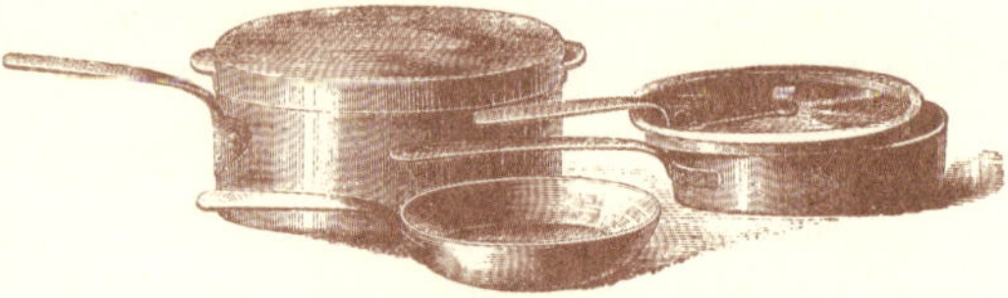

Irish Shepherd's Pie

In Irland und England „Pie" genannt, ist dieses Gericht im eigentlichen Sinne aber ein Auflauf aus Lammhack und Kartoffelpüree. Er ist arbeitsaufwendig, lässt sich aber in Grundkomponenten gut am Vortag vorbereiten.

1 Bund Suppengemüse (bestehend aus Möhre, Lauch, Sellerie bzw. Petersilienwurzel), 3 EL Öl, 250 g TK-Erbsen, Salz, frisch gemahlener Pfeffer, 500 g Hackfleisch vom Lamm (roh oder gebratene Reste), 3 EL Tomatenmark, 200 ml Rotwein, Grün von 2 Stangen Staudensellerie, 2 Aufgussbeutel Pfefferminztee, 200 ml Fleischbrühe, 500 g mehlig kochende Kartoffeln, gut 1/8 l heiße Milch, 50 g Butter, 1 Eigelb, Butter für die Form, 60 g Semmelbrösel

Das Suppengemüse schälen bzw. putzen und würfeln. In einem großen Topf 2 Esslöffel Öl erhitzen und das Gemüse darin anschwitzen, Erbsen zugeben, salzen und pfeffern. Den Topf beiseite stellen.

In einer großen Pfanne das restliche Öl erhitzen und das Hackfleisch darin krümelig braten. Tomatenmark einrühren und mit Rotwein ablöschen. Bei starker Hitze die Flüssigkeit einkochen lassen.
Das Selleriegrün abbrausen, trockentupfen und fein hacken. Den Inhalt der Teebeutel zusammen mit Selleriegrün und Brühe zum Hackfleisch geben. Das Gemüse ebenfalls untermischen. Die Mischung kräftig mit Salz und Pfeffer würzen.
Die Kartoffeln schälen, waschen, in Salzwasser garen und abgießen. Mit Milch und 20 Gramm Butter zu einem festen Püree stampfen. Das Eigelb einrühren. Den Backofen auf 200 °C vorheizen. Eine Auflaufform einfetten und mit der Hälfte der Semmelbrösel ausstreuen. Die Gemüse-Hackfleisch-Mischung einfüllen. Darüber das Püree verstreichen oder mit einer Spritztülle daraufspritzen. Mit den restlichen Semmelbröseln bestreuen und mit der restlichen Butter in Flöckchen belegen. Im vorgeheizten Backofen (mittlere Schiene) 20 Minuten backen. Bei Bedarf während der letzten Minuten mit Alufolie abdecken.

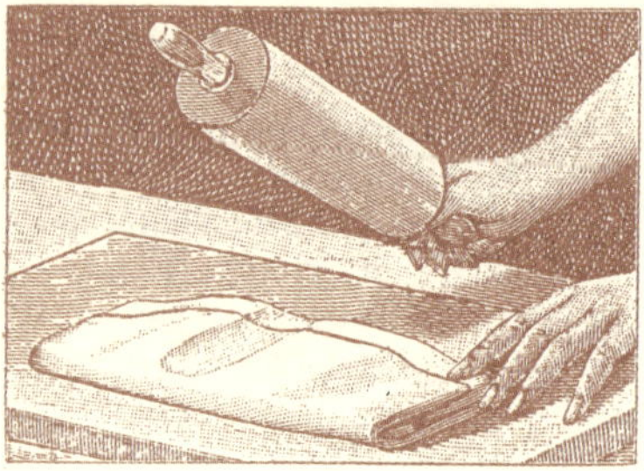

Blätterteigpastete

100 g getrocknete Aprikosen,
50 ml Orangensaft, 200 g TK-Blätterteig,
1 Stange Lauch, 2–3 EL Öl,
400 g Hackfleisch von der Pute,
1 EL Tomatenmark, Salz,
frisch gemahlener Pfeffer, 1 TL Currypulver,
je 1 Prise Zimt- und Chilipulver,
Mehl zum Ausrollen, 1 Ei,
20 g Mandelblättchen

Die Aprikosen vierteln und im Orangensaft 2–3 Stunden einweichen. Den Blätterteig auftauen lassen. Den Lauch putzen, waschen und die hellen Teile in feine Ringe schneiden.
In einer Pfanne 1 Esslöffel Öl erhitzen, den Lauch kurz anschwitzen und herausnehmen. Das restliche Öl in die Pfanne geben und das Hackfleisch darin krümelig

und hellbraun braten. Die Aprikosen samt dem Saft, Lauch und Tomatenmark unterrühren. Mit Salz, Pfeffer, Curry, Zimt- und Chilipulver kräftig würzen. Beiseite stellen und abkühlen lassen.
Den Blätterteig auf einem bemehlten Küchentuch zu einem Quadrat von 40 x 40 Zentimetern ausrollen. Die Hackfleischmasse auf dem unteren Drittel verteilen. Das Ei verquirlen und die Teigränder damit bestreichen. Die Pastete von unten her aufrollen. Die Ränder fest andrücken. Mit der „Naht" nach unten auf ein mit Backpapier ausgelegtes Blech legen und die seitlichen Ränder nach unten umschlagen, damit kein Fleischsaft auslaufen kann.
Den Backofen auf 200 °C vorheizen. Die Pastete mit dem restlichen Ei bepinseln, mit Mandelblättchen bestreuen und im vorgeheizten Ofen (mittlere Schiene) in etwa 25 Minuten goldbraun backen. Dazu passen Basmatireis und Tomatensalat.

- Wenn Sie die Pastete kalt servieren möchten, dann mischen Sie in das Hackfleisch noch zusätzlich je 1 Esslöffel Semmelbrösel und gemahlene Mandeln. So wird die Füllung fester und lässt sich besser schneiden.

- Auch eine würzige Kräuter-Joghurt-Sauce passt hervorragend zu der Pastete: Dazu 250 Gramm Naturjoghurt mit einigen Tropfen Zitronensaft zu einer glatten Sauce verrühren. Mit Salz, Pfeffer und 1 Prise Zucker würzen. Gehackte frische Kräuter wie Petersilie, Dill, Schnittlauch nach Belieben unterheben.

Filet Wellington

Für 6 Personen

Diese Pastete ist benannt nach dem berühmten englischen Feldherrn Arthur Wellesley, Herzog von Wellington (1769–1852), der Napoleon in der noch berühmteren Schlacht bei Waterloo besiegte.

1 Paket TK-Blätterteig,
750 g gut abgehangenes Rinderfilet, Salz,
frisch gemahlener Pfeffer, 1 Prise Piment

Für die Farce:

1 Brötchen, 3 EL heißes Wasser, 1 kleine Zwiebel,
1 EL Butter, 1 EL gehackte Petersilie,
350 g Hackfleisch vom Kalb, 2 Eier, 2 EL Sahne,
Salz, frisch gemahlener Pfeffer, Paprikapulver

Außerdem:

4 EL Öl zum Braten, Mehl zum Ausrollen,
1 Ei zum Bestreichen

Den Blätterteig auftauen. Das Öl in einer Pfanne erhitzen, das Filet in etwa 10 Minuten ringsherum anbraten. Aus der Pfanne nehmen und abkühlen lassen. Dann das Fleisch mit Salz, Pfeffer und Piment einreiben.
Inzwischen für die Farce das Brötchen im heißen Wasser einweichen. Die Zwiebel schälen und würfeln. Das Brötchen gut ausdrücken und auseinander zupfen. Die Butter in einer Pfanne erhitzen und darin Zwiebel, Brötchen und Petersilie 5 Minuten unter Rühren anschwitzen. In einer Schüssel Kalbsgehacktes, Eier und Sahne mischen,

mit Salz, Pfeffer und Paprika würzen. In die Pfanne geben und kurz mitbraten. Abkühlen lassen.
Den Blätterteig auf einer bemehlten Arbeitsfläche zu einem Rechteck ausrollen. Es muss so groß sein, dass man das Filet darin einschlagen kann. Die Teigränder begradigen. Die Reste beiseite legen. Das Ei trennen. Das Eiweiß verschlagen und die Ränder der Teigplatte etwa 1 Zentimeter breit damit bestreichen. In der Mitte der Platte etwas mehr als die Hälfte der Farce verstreichen. Mittig das Filet darauflegen; dabei sollte es rundherum von der Farce umgeben sein. Nun die restliche Farce auf dem Filet verstreichen. Den Blätterteig darüber verschließen, indem man den vorderen und hinteren Blätterteigrand doppelt zusammenfaltet. Mit der „Naht" nach unten auf ein mit kaltem Wasser bespritztes Blech legen. Die seitlichen Ränder fest zusammendrücken. Den Backofen auf 220 °C vorheizen.
Teigreste auf einer bemehlten Arbeitsfläche ausrollen und beliebige Formen, z. B. kleine Blätter, ausstechen. Das Eigelb verquirlen und die Pastete damit bestreichen. Die ausgestochenen Formen darauflegen und ebenfalls mit Eigelb bestreichen. In den vorgeheizten Ofen (mittlere Schiene) schieben und die Pastete in etwa 45 Minuten goldbraun backen. Herausnehmen, 5 Minuten ruhen lassen und dann in dicke Scheiben schneiden.

- Bei besonderen Anlässen den Braten mit Herzoginkartoffeln, gemischtem Salat und einer Cumberlandsauce servieren und dazu einen guten Rotwein genießen.

Hähnchen mit Hackfleischfüllung

1 küchenfertiges Hähnchen, Salz,
Orangenpfeffer, Paprikapulver edelsüß
Für die Füllung:
1 Grundrezept Frikadellen (Rezept S. 14),
1 kleines Bund gehackte Petersilie
Außerdem:
2 Orangen, 2 EL Butterschmalz,
1/8 l Weißwein, 1 EL Tomatenmark,
2 EL Crème fraîche

Das Hähnchen innen und außen gründlich abbrausen und trockentupfen. Innen und außen mit Salz, Pfeffer und Paprikapulver einreiben. Ein Grundrezept für Frikadellen vorbereiten und die Petersilie untermengen. Das Hähnchen damit füllen. Die Öffnung mit einer Rouladennadel oder mit Küchengarn verschließen.
Backofen auf 175 °C vorheizen. 1 Orange auspressen. In einem Bräter Schmalz erhitzen und das Hähnchen darin rundherum anbraten. Mit der Brustseite nach unten legen, Wein und Orangensaft angießen und Tomatenmark einrühren. Im vorgeheizten Backofen (mittlere Schiene) 45 Minuten garen. 10 Minuten vor Ende der Garzeit das Hähnchen so drehen, dass die Brustseite nach oben zeigt. Die zweite Orange in Scheiben schneiden. Hähnchen herausnehmen, auf einer vorgewärmten Platte anrichten und mit den Orangenscheiben umlegen. Crème fraîche unter den Bratfond rühren, abschmecken und separat dazu reichen. Dazu passen Herzoginkartoffeln und ein Sellerie-Orangen-Salat.

Curryspieße

1 kleines Brötchen,
knapp 1/4 l Apfelsaft, 1 kleine Zwiebel,
1 Knoblauchzehe, 1 Ei,
250 g Hackfleisch halb und halb,
Salz, frisch gemahlener Pfeffer,
1 EL Weinbrand, 2 Bananen,
2 Scheiben Ananas, 125 g Crème fraîche,
1 TL Curry, 1–2 EL Kokosraspel

Außerdem:
Schaschlikspieße, Öl zum Bepinseln

Das Brötchen in Würfel schneiden, in Apfelsaft einweichen und gut ausdrücken. Zwiebel und Knoblauch schälen und ganz fein hacken. In einer Schüssel Hackfleisch mit Brötchen, Zwiebel, Knoblauch und Ei verkneten, mit Salz und Pfeffer würzen und mit Weinbrand aromatisieren. Aus der Masse kleine Bällchen formen. Die Bananen schälen und in passend große Stücke schneiden. Die Ananasscheiben vierteln. Crème fraîche glatt rühren. Den Backofen auf 250 °C vorheizen.
Auf 4 Schaschlikspieße abwechselnd Fleisch- und Bananenstückchen, Fleisch- und Ananasstückchen stecken. Ein großes Stück Alufolie mit Öl bepinseln. Die Spieße darauflegen, dick mit Crème fraîche bestreichen und mit Kokosraspeln und Currypulver bestäuben. Die Folie um die Spieße herum gut verschließen und diese im vorgeheizten Ofen (mittlere Schiene) 30 Minuten garen. Dazu mit Kräutern aromatisierten Reis und einen knackigen Salat reichen.

Verzeichnis der Rezepte

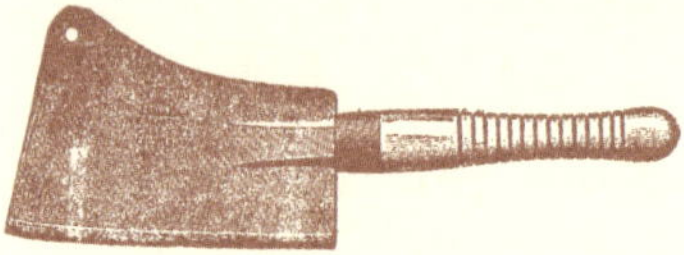

Snacks und Vorspeisen

Beefsteak-Tatar 13
Mettbrötchen 14
Grundrezept Frikadellen 14
Frikadellen à la Meyer (Variante) 16
Puszta-Frikadellen (Variante) 16
Jäger-Frikadellen (Variante) 16
Spargel-Schinken-Frikadellen (Variante) 16
Salisbury-Steaks 17
Partybällchen 18
Gefüllte Champignons 19
Gefüllte Weinblätter 20
Piroggen 21
Empanadas 22
Kürbis mit Hackfleischfüllung, ägyptische Art 24

Suppen und Ragouts

Käse-Lauch-Suppe 27
Schwäbische Maultaschensuppe 28
Reitersuppe 30
Mailänder Hackfleischsuppe 31
Mexikanisches Chili con carne 32
Elsässer Sauerkrautsuppe 34
Bologneser Fleischragout 35

Gerichte aus Topf und Pfanne

American Meatballs 37
Hamburger 38
Katalanische Boles 40
Köttbullar 41
Königsberger Klopse 42
Kohlrouladen 44
Indische Reispfanne 45
Bifteki-Pfanne 46
Gefülltes Schweinefilet 48
Gefüllte Pfannkuchen (Wraps) 49

Gerichte aus dem Ofen

Gefüllte Paprikaschoten 51
Auberginen- oder Zucchinischiffchen 52
Westfälische Wurstbrötchen 53
Falscher Hase 54
Hackbraten, mediterrane Art 55
Brigittes Hackfleischterrine 56
Sauerkraut-Auflauf 58
Wirsing-Kartoffel-Lasagne 60
Moussaka 62
Pastitsio 64
Lasagne, Bologneser Art 66
Cannelloni 68
Südafrikanischer Kürbis-Auflauf 68
Irish Shepherd's Pie 70
Blätterteigpastete 72
Filet Wellington 74
Hähnchen mit Hackfleischfüllung 76
Curryspieße 77

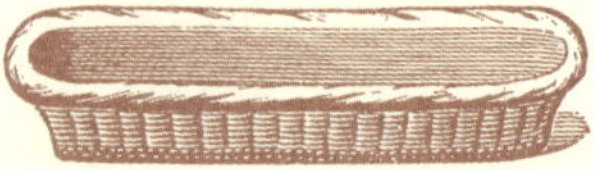